职业教育财经商贸类专业规划教材

Excel 在财务中的应用

（第二版）

于凌云　吴克林　编著

苏州大学出版社
Soochow University Press

图书在版编目(CIP)数据

Excel 在财务中的应用 / 于凌云，吴克林编著. -- 2 版. -- 苏州：苏州大学出版社，2023.8(2024.2重印)
ISBN 978-7-5672-4518-1

Ⅰ. ①E… Ⅱ. ①于… ②吴… Ⅲ. ①表处理软件-应用-财务管理 Ⅳ. ①F275-39

中国国家版本馆 CIP 数据核字(2023)第 153228 号

内 容 简 介

本书把 Excel 2016 的主要功能和操作嵌入日常办公管理和财务管理及分析的项目中，由浅入深、系统全面地介绍了 Excel 2016 在财务中的应用，列举了大量 Excel 在财务、管理、办公等方面应用的实例和技巧，介绍了如何利用 Excel 解决企业财务管理及分析等问题。

本书内容翔实、结构清晰、图文并茂、通俗易懂，既突出基础性内容，又重视实践性应用。每个项目都穿插了大量示例，并对重要的知识和应用技巧进行了归纳与总结。每个项目都安排了有针对性的实践训练，有助于读者巩固所学的基本概念和培养实际应用能力。

本书既可作为应用型本科、大中专院校的教材，也可作为各类培训教程。此外，本书也非常适合需要使用 Excel 进行会计计算与财务管理的各类人员及 Excel 爱好者参考阅读。

Excel 在财务中的应用
(第二版)

于凌云　吴克林　编著

责任编辑　王　亮

苏州大学出版社出版发行
(地址：苏州市十梓街1号　邮编：215006)
镇江文苑制版印刷有限责任公司印装
(地址：镇江市黄山南路18号润州花园6-1号　邮编：212000)

开本 787 mm×1 092 mm　1/16　印张 13.5　字数 337 千
2023 年 8 月第 2 版　2024 年 2 月第 2 次印刷
ISBN 978-7-5672-4518-1　　定价：48.00 元

图书若有印装错误，本社负责调换
苏州大学出版社营销部　电话：0512-67481020
苏州大学出版社网址　http://www.sudapress.com
苏州大学出版社邮箱　sdcbs@suda.edu.cn

前言 Preface

随着信息化技术的发展,企业的财务管理、市场分析及日常办公管理都在追求精细化和高效化。Excel 作为一个简单易学、功能强大的数据处理软件已经广泛应用于企业的日常工作和财务管理之中。本书充分挖掘 Excel 2016 的功能和应用,按照项目任务和经典案例引入教学内容,剖析函数功能,分析工具应用,细化操作步骤,提炼财务数据分析和管理的要点,使初学者能很快切入主题,熟练者能快速提升财务数据分析、管理能力,从而提高工作效率,增强个人及企业的社会竞争力。

1. 本书内容

本书把 Excel 2016 的主要功能和操作嵌入日常管理和财务分析及管理的项目中,由浅入深、系统全面地介绍了 Excel 2016 在财务中的应用和操作技巧。全书共分八个项目,内容分别如下:

项目一 Excel 2016 概述,主要介绍 Excel 的基础知识,包括 Excel 的工作界面、工作表的基本操作、单元格的基本操作、公式应用、函数应用等内容。

项目二 Excel 在人事档案管理中的应用,结合人事档案表的建立,嵌入数据的快速录入、数据的提取、数据查询、数据统计、动态图表的分析等内容。

项目三 Excel 在薪资管理中的应用,结合薪资管理,引入数据的引用、计算、排序、筛选、分类汇总,以及数据透视表、数据透视图等内容。

项目四 Excel 在货币时间价值中的应用,引入现值、终值、年金、利率的计算和分析,结合养老金计算、贷款计划等案例,分析货币时间价值的应用。

项目五 Excel 在筹资管理中的应用,包括资金需求量预测分析、筹资成本分析、筹资决策方法等内容,并结合案例详述各种方法的应用。

项目六 Excel 在投资管理中的应用,包括投资决策指标的应用、固定资产投资分析、证券投资分析等内容,并结合案例详述各种方法的应用。

项目七 Excel 在财务分析中的应用,包括财务比率分析、财务趋势分析以及财务综合分析等内容。

项目八 Excel 在财务管理预测和分析中的应用,包括方案管理器、单变量求解、模拟运算表、规划求解等内容。

2. 本书特色与优势

(1) 经典实例,即学即用。精选行业中最实用、最常见的应用实例,可复制性强,方便读者快速即时应用到工作中。

（2）立体教学，全面指导。采用"要点分析+实例制作+实战演练"的立体教学方式，操作步骤详细、直观。

（3）版本较高，技术领先。选用当前较高的软件版本进行讲解，紧跟时代和社会发展需求。

（4）重点明确，内容丰富。覆盖内容广泛，并用醒目的标注对重点、要点进行提示，帮助读者明确学习重点，省时贴心。

（5）配有课件和实训资料，保障教学。提供课件和实训资料，便于教师教学使用和学生上机实践。

3. 本书读者定位

本书既可作为应用型本科、大中专院校的教材，也可作为各类培训教程。此外，本书也适合需要使用 Excel 进行会计计算与财务管理的各类人员及 Excel 爱好者参考阅读。

感谢您选用本教材，使用中若发现有不妥之处，敬请批评指正，以便我们不断修改和完善。

编　者
2023 年 5 月

目 录

项目一　Excel 2016 概述 ... 1

 任务一　Excel 2016 的工作界面及新增功能 ... 1
 任务二　基础操作 ... 6
 任务三　公式应用 ... 27
 任务四　函数应用 ... 33
 实践训练一 ... 41

项目二　Excel 在人事档案管理中的应用 ... 44

 任务一　人事档案的建立 ... 44
 任务二　数据格式设置 ... 51
 任务三　数据分析 ... 55
 实践训练二 ... 62

项目三　Excel 在薪资管理中的应用 ... 66

 任务一　薪资表的建立 ... 66
 任务二　数据排序 ... 69
 任务三　筛选 ... 74
 任务四　分类汇总 ... 78
 任务五　数据透视表和数据透视图 ... 81
 任务六　数据分列 ... 88
 实践训练三 ... 93

项目四　Excel 在货币时间价值中的应用 ... 96

 任务一　货币时间价值概述 ... 96

任务二　现值和终值模型 ………………………………………………… 107

　　任务三　货币时间价值案例 ……………………………………………… 113

　　任务四　计息周期的计算与应用 ………………………………………… 115

　　任务五　插值法的应用 …………………………………………………… 118

　　实践训练四 …………………………………………………………………… 120

项目五　Excel 在筹资管理中的应用 …………………………………………… 122

　　任务一　资金量需求预测 ………………………………………………… 122

　　任务二　筹资成本分析 …………………………………………………… 127

　　任务三　筹资决策方法 …………………………………………………… 138

　　实践训练五 …………………………………………………………………… 144

项目六　Excel 在投资管理中的应用 …………………………………………… 147

　　任务一　投资决策指标的应用 …………………………………………… 147

　　任务二　固定资产投资分析 ……………………………………………… 153

　　任务三　证券投资分析 …………………………………………………… 158

　　实践训练六 …………………………………………………………………… 166

项目七　Excel 在财务分析中的应用 …………………………………………… 168

　　任务一　财务分析概述 …………………………………………………… 168

　　任务二　Excel 在比率分析中的应用 …………………………………… 173

　　任务三　Excel 在趋势分析中的应用 …………………………………… 177

　　任务四　Excel 在杜邦分析中的应用 …………………………………… 179

　　实践训练七 …………………………………………………………………… 181

项目八　Excel 在财务管理预测和分析中的应用 …………………………… 184

　　任务一　方案管理器 ……………………………………………………… 184

　　任务二　单变量求解 ……………………………………………………… 187

　　任务三　模拟运算表 ……………………………………………………… 190

　　任务四　规划求解 ………………………………………………………… 196

　　实践训练八 …………………………………………………………………… 202

附录　本书中使用的基础数据表 ………………………………………………… 204

参考文献 ……………………………………………………………………………… 207

项目一　Excel 2016 概述

👉 学习目的

了解 Excel 2016 的工作界面和新增功能，理解 Excel 的基本概念和术语，掌握 Excel 的基础操作和基本设置，能熟练运用函数功能和公式定义来解决工作中的实际问题。

任务一　Excel 2016 的工作界面及新增功能

Excel 表格处理软件是美国微软公司研制的办公自动化软件 Office 中的重要成员，经过多次改进和升级，目前版本已经升级到 Excel 2021。该软件能够方便地制作出各种电子表格，使用公式和函数对数据进行复杂的运算；用各种图表来直观明了地表示数据；对工作表中的数据进行检索、分类、排序、筛选等操作；利用系统提供的函数可完成各种数据的分析，例如财务、统计、金融、管理等方面的函数应用；可以创建超级链接获取互联网上的共享数据，也可以将自己的工作簿设置成共享文件保存在互联网的共享网站中，让世界上任何一个子网用户分享。考虑到普适性，本书以 Excel 2016 为蓝本，阐述 Excel 在财务中的应用。

一、Excel 2016 的工作界面

1. Excel 2016 的启动

正常启动 Excel 2016 后，可以看到如图 1-1 所示的窗口。

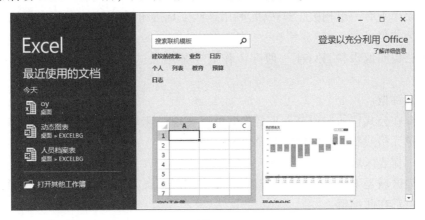

图 1-1

该窗口左上方显示"最近使用的文档",可以直接打开使用;左下方显示"打开其他工作簿",可以选择打开其他位置的文件;右方显示空白工作簿和系统提供的其他各种模板,可以打开使用。这里打开"空白工作簿",系统显示如图1-2所示的窗口。

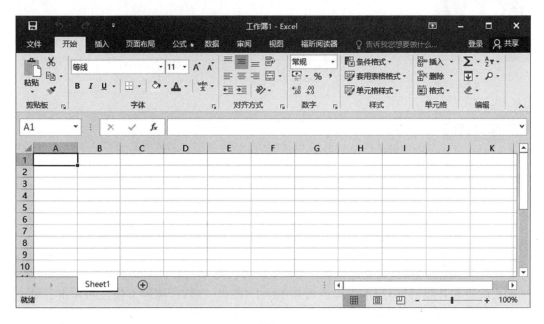

图1-2

2. Excel 2016 窗口组成

(1) 标题栏

标题栏位于 Excel 窗口顶部,它显示当前编辑的工作簿名称,选择"空白工作簿"打开 Excel 时,当前工作簿名为"工作簿1"。

(2) 菜单栏

菜单栏是按照程序功能分组排列的按钮集合,位于标题栏下方,由"文件""开始""插入"等菜单命令组成。菜单有自动记录功能,为用户选择常用命令提供了很大的方便。

(3) 工具栏

每个菜单下有一组相关工具按钮,利用这些工具按钮可以更快速、更方便地工作。

(4) 公式栏

公式栏也叫编辑栏,Excel 一般在工作表中显示公式栏,用来显示或编辑单元格的内容。

(5) 名称框

名称框在公式栏的左边,Excel 名称框可以实现快速对单元格或单元格区域的选取、快速命名单元格或单元格区域以及简化公式写法。

(6) 工作表区域

工作表区域是 Excel 的主要工作区,它是占据屏幕最大面积且用于记录数据的区域,所有的信息都在此编辑。

（7）工作表标签

工作表标签位于工作表区域的左下方，用于显示工作表的名称，可以通过单击这些标签切换工作表。

（8）状态栏

状态栏在工作区的底部，用来显示当前工作区单元格的输入或就绪状态以及页面的显示状态。

（9）水平、垂直滚动条

水平、垂直滚动条分别位于工作表区域的右下方和右边，用于水平、垂直方向改变工作表的可见区域。

二、Excel 2016 的新增功能

Excel 2016 较以往版本新增的功能有：

1. 共享文件活动

选择文件右上角的"共享"按钮，可以查看在 OneDrive for Business 或 SharePoint 中的文件共享、编辑、重命名或恢复的时间。

2. "获取和转换"改进

使用查询编辑器拆分列时自动检测分隔符字符，选择要与合并二进制数据一起使用的示例文件，并指定使用 DB2 连接器时要连接的包集合。

3. 迪拜字体

迪拜字体是支持西欧语言和使用阿拉伯语脚本的主要语言的字体系列。

4. 安全链接

当用户单击链接时，Office 365 高级威胁防护（ATP）会检查此链接，以查看它是不是恶意链接。如果认为此链接是恶意链接，则将用户重定向到警告页面而不是原始目标 URL。

5. 其他实用功能

（1）六种图表类型

可视化对于有效的数据分析至关重要。在 Excel 2016 中，添加了六种新图表以帮助用户创建财务分析或分层信息的一些最常用的数据可视化，以及显示数据中的统计属性。

（2）一键式预测

在 Excel 的早期版本中，只能使用线性预测。在 Excel 2016 中，FORECAST 函数进行了扩展，允许基于指数平滑[例如 FORECAST.ETS( )…]进行预测。

（3）三维地图

最受欢迎的三维地理可视化工具 Power Map 经过了重命名，现在内置在 Excel 中，可供所有 Excel 2016 用户使用。

（4）快速进行形状格式设置

此功能通过在 Excel 中引入新的"预设"样式，增加了默认形状样式的数量。

（5）操作说明搜索框

用户会注意到 Excel 2016 中的功能区上的一个文本框，其中显示"告诉我您想要做什么"。这是一个文本字段，用户可以在其中输入与接下来要执行的操作相关的字词和短

语,快速访问要使用的功能或要执行的操作,还可以选择获取与要查找的内容相关的帮助,或是对输入的术语执行智能查找。

（6）墨迹公式

用户可以在任何时间转到"插入"→"公式"→"墨迹公式",以便在工作簿中插入复杂的数学公式。

三、自定义工作环境

用户进行数据处理时,如果要对工作环境中的某些参数进行设置,可以通过单击"文件"→"选项"打开"Excel 选项"对话框来设置,"Excel 选项"对话框中有"常规""公式""校对"等选项卡,如图 1-3 所示。

图 1-3

1．"常规"选项卡

◆ 用户界面选项

可以设置显示所选内容的浮动工具栏、启用实时预览、屏幕提示样式等。

◆ 新建工作簿时

可以设置新建工作簿时的字体、字号等状态。

◆ 对 Microsoft Office 进行个性化设置

可以设置用户名、Office 背景等。

◆ 启动选项

可以设置系统的启动选项,如设置为默认应用程序查看和编辑文档等。

2. "公式"选项卡
◆ 工作簿计算
可以设置自动重算、除模拟运算表外自动重算等。
◆ 使用公式
可以设置 R1C1 引用样式、公式记忆式键入等。
◆ 错误检查
可以设置允许后台错误检查等。
◆ 错误检查规则
可以设置所含公式导致错误的单元格、表中不一致的计算列公式等。

3. "校对"选项卡
◆ 自动更正选项
可以设置更改键入时的方式等。
◆ 在 Microsoft Office 程序中更正拼写时
可以设置忽略全部大写的单词等。

4. "保存"选项卡
◆ 保存工作簿
可以设置保存文件格式、保存自动恢复信息时间间隔等。
◆ 自动恢复例外情况
◆ 文档管理服务器文件的脱机编辑选项
◆ 保留工作簿的外观

5. "语言"选项卡
◆ 选择编辑语言
◆ 选择用户界面和帮助语言

6. "高级"选项卡
◆ 编辑选项
可以设置按【Enter】键后移动所选内容、自动插入小数点等。
◆ 剪切、复制和粘贴
◆ 图像大小和质量
◆ 打印
◆ 图表
◆ 显示
◆ 此工作簿的显示选项
◆ 此工作表的显示选项
◆ 公式
◆ 计算此工作簿时
◆ 常规
◆ 数据

7. "自定义功能区"选项卡
自定义功能区选项卡的内容比较多,用户可以根据需要对自定义功能区进行个性化设计,选中或取消选中这些命令或选项卡。如主选项卡中"开发工具"不是默认打开状态,如果需要,可以进行设置,如图1-4所示。

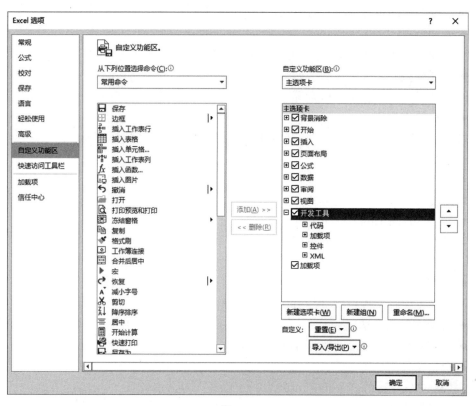

图1-4

8. "快速访问工具"栏选项卡

快速访问工具栏是一个可自定义的工具栏,包含一组独立于当前显示的功能区上的选项卡的命令。用户可以从两个可能的位置之一移动快速访问工具栏,并且可以将表示命令的按钮添加到快速访问工具栏中。

任务二　基础操作

一、Excel 的操作对象

1. 工作簿

工作簿是指 Excel 环境中用来储存并处理工作数据的文件。它是 Excel 工作区中一个或多个工作表的集合,其扩展名为 XLSX。Excel 2016 默认由 1 张表格组成一个工作簿,一个工作簿中最多可建立 255 个工作表。

2. 工作表

工作表是显示在工作簿窗口中的表格。一个工作表可以由 1 048 576 行和 16 384 列构成。行的编号从 1 到 1 048 576,列的编号依次用字母 A、B……XFD 表示。行号显示在工作簿窗口的左边,列号显示在工作簿窗口的上边。

3. 单元格

单元格是表格中行与列的交叉部分,它是组成表格的最小单位,可拆分或者合并。单个数据的输入和修改都是在单元格中进行的。

单元格按所在的行列位置来命名,它有三种引用样式:A1引用样式、R1C1引用样式和三维引用样式。

(1) A1引用样式

默认情况下使用A1引用样式,此样式引用字母标识列(从A到XFD),引用数字标识行(从1到1 048 576)。若要引用某个单元格,则输入列标和行号即可。例如,B2引用列B和行2交叉处的单元格。

(2) R1C1引用样式

R1C1引用样式是同时统计工作表上行和列的引用样式,该引用样式对于计算位于宏内的行和列很有用。在R1C1样式中,Excel指出了行号在R后且列号在C后的单元格的位置。例如,R2C3相当于A1引用样式的C2,即引用行2和列3(即C)交叉处的单元格。

(3) 三维引用样式

如果要分析同一工作簿中多张工作表上的相同单元格或单元格区域中的数据,就要用到三维引用。三维引用包括单元格引用和区域引用,前面加上工作表名称的范围,Excel使用存储在引用开始名和结束名之间的任何工作表。例如,=SUM(Sheet2:Sheet13!B5)将计算包含在B5单元格内所有值的和,单元格取值范围是从工作表2到工作表13。

4. 选取工作范围

在Excel的工作表中,工作范围是指一组选定的单元格,它们可以是连续的,也可以是分散的。如果选定一个范围后再进行操作,则这些操作作用于该范围内的所有单元格。

(1) 选择单个单元格

单击单元格,或按箭头键移动到该单元格。

(2) 选择单元格区域

单击区域中的第一个单元格,然后拖动到区域中的最后一个单元格,或者在按住【Shift】键的同时按箭头键以扩展选定区域。

也可以选择区域中的第一个单元格,然后按【F8】键以便通过使用箭头键来扩展选定区域。若要停止扩展选定区域,可再次按【F8】键。

(3) 选择较大的单元格区域

单击区域中的第一个单元格,然后在按住【Shift】键的同时单击区域中的最后一个单元格。可以先滚动到最后一个单元格所在的位置。

(4) 名称框

对于较大区域的单元格,可以定义名称。首先选择要定义名称的单元格或单元格区域,然后单击编辑栏最左边的名称框,输入名称(名称长度最多为255个字符),按回车键即完成名称的定义。

(5) 选择工作表上的所有单元格

"全选"按钮在行、列交叉的左上角,单击该按钮可以选择所有单元格。若要选择整个工作表,也可以按【Ctrl】+【A】组合键。

提示：如果工作表中包含数据，按【Ctrl】+【A】组合键选择当前区域，按两次【Ctrl】+【A】组合键选择整个工作表。

（7）选择不相邻的单元格或单元格区域

先选中第一个单元格或单元格区域，然后在按住【Ctrl】键的同时选中其他的单元格或单元格区域。也可以先选中第一个单元格或单元格区域，然后按【Shift】+【F8】组合键将其他不相邻的单元格或单元格区域添加到选定区域中。若要停止将单元格或单元格区域添加到选定区域中，再次按【Shift】+【F8】组合键即可。

（8）选择整个行或列

单击行或列标题，即可以选择整行或整列。也可以通过选择第一个单元格，然后按【Ctrl】+【Shift】+箭头键（对于行，为向右键或向左键；对于列，为向上键或向下键）组合键来选择行或列中的单元格。

提示：如果行或列中包含多个不连续的数据，可以多次按【Ctrl】+【Shift】+箭头键组合键以选择行或列中的数据，直到最后一个有数据的单元格，继续按【Ctrl】+【Shift】+箭头键组合键则选择整个行或列。

（9）选择相邻的行或列

在行标题或列标题中拖动鼠标。或者先选中第一行或第一列，然后在按住【Shift】键的同时选中最后一行或最后一列。

（10）选择不相邻的行或列

单击选定区域中第一行或第一列的行标题或列标题，然后在按住【Ctrl】键的同时单击要添加到选定区域中的其他行或列的行标题或列标题。

二、创建工作表

1. 工作表的命名和保存

启动 Excel 2016 后，如果是首次保存，必须输入文件的名称，如将文件命名为"人事档案表"，操作步骤如下：

① 单击"空白工作簿"进入 Excel 后，单击窗口左上角的"保存"按钮，打开"另存为"窗口，如图 1-5 所示。

图 1-5

② Microsoft Office 程序会在默认工作文件夹中保存文件,若要将文件保存到其他位置,须单击其他文件夹选择文件存放位置。

③ 大多数时候,用户可能希望将工作簿保存为当前文件格式(.xlsx)。然而有时候,也可能需要将工作簿保存为其他文件格式,例如 Excel 的较早版本的文件格式、文本文件格式、PDF 文件格式等,保存类型如图 1-6 所示。

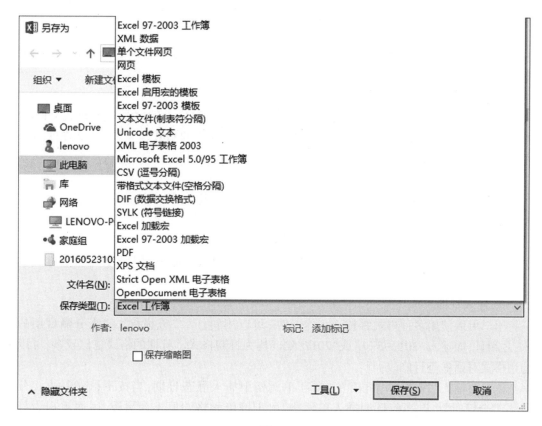

图 1-6

注意:每次将工作簿另存为其他文件格式时,可能无法保存它的某些格式、数据和功能。

④ 文件在编辑过程中,单击"保存"按钮,或按【Ctrl】+【S】组合键均可以实时保存。

2. 数据的输入

如果要在 Excel 中输入数据,有多个选择,可以在一个单元格中、同时在多个单元格中或同时在多个工作表中输入数据;输入的数据可以是数字、文本、日期或时间;可以采用多种方式设置数据的格式;而且,可以调整多项设置,使数据输入变得更容易。

在向单元格输入数据时可以采用三种基本输入方法:一是单击目标单元格,直接输入;二是双击目标单元格,主要用于修改单元格中的数据,当单元格中出现插入光标时,把光标移动至修改位置后即可输入;三是单击目标单元格,再单击编辑栏,在编辑栏中输入或修改数据。

(1) 输入文本

文本一般包括汉字、英文字母、拼音符号、数字等。在向单元格输入文本时,如果相邻单元格没有数据,Excel 允许长文本覆盖右边的单元格;如果右边单元格有数据,则只显示数据开头部分。

输入过程中可以用【Backspace】键进行修改,按编辑栏的"取消"按钮或【Esc】键可以取消输入,按编辑栏的"确认"按钮或【Enter】键确认输入。

(2) 输入数字

在单元格中输入数字时,与输入文本一样,不同的是默认情况下文本输入后是左对齐,数字输入后是右对齐。

① 输入分数。

在工作表中,分式通常以"/"来分隔分子和分母,这样显示的就是日期格式。Excel 中规定,可以先输入"0",空一格,然后再按照"分子/分母"的格式输入分数,这样就不会被 Excel 处理为日期了。

② 输入负数。

在输入负数时,可以在数字前输入减号"-"作为标识,也可以将数字置于括号"()"内,按【Enter】键则显示负数。

(3) 输入日期和时间

日期和时间也是一种数字,只不过是特定的格式。Excel 能识别大多数用普通方法输入的日期和时间格式。

① 输入日期。

用户可以使用多种格式来输入一个日期,可以用斜杠"/"或横杠"-"来分隔日期的年、月和日,如输入"2017-5-1"或"2017/5/1"均为日期格式。日期的格式也比较多,可以利用格式对话框进行修改。

假设要输入当前日期,可以在 Excel 单元格中插入静态日期,当按下【Ctrl】+【;(分号)】组合键时,将以当前日期插入单元格,由于该单元格的值不会更改,因而被视为静态值。

如果要插入会更新值的日期(也称为动态日期),也就是在重新计算工作表或打开工作簿时发生更新的日期,可以利用 TODAY 函数来实现。

② 输入时间。

在单元格中输入时间的方式有两种:12 小时制的输入和 24 小时制的输入,二者的输入方式不同。12 小时制输入时间时,要在时间数字后加一个空格,然后输入字母"a"表示上午,输入字母"p"表示下午。24 小时制直接输入"时:分:秒"即可。

假设要输入静态的当前时间,应按【Ctrl】+【Shift】+【;(分号)】组合键;若要插入可以更新的当前时间,可以用 NOW 函数来实现。

(4) 输入符号和特殊符号

① 输入符号。

如果要输入键盘上没有的符号,则需要按以下步骤进行:

◆ 单击要插入符号的位置。

◆ 在"插入"选项卡的"符号"组中单击"符号"。

◆ 在下拉列表中选择所需的符号。如果要插入的符号不在列表中,单击右侧滚动条,选择要插入的字符,然后单击"插入"按钮。

提示:如果使用扩展的字体,如 Arial 或 Times New Roman,将出现子集列表。使用此列表可供选择的语言字符,包括希腊语和俄语(西里尔文)。

◆ 单击"关闭"按钮。

② 输入特殊字符。

◆ 单击要插入特殊字符的位置。

◆ 在"插入"选项卡的"符号"组中,单击"符号",然后单击"其他符号"。

◆ 单击"特殊字符"选项卡。

◆ 选择要插入的字符,然后单击"插入"按钮。

◆ 单击"关闭"按钮。

(5) 输入多行数据

如果希望在一个单元格中输入两行以上数据,可以采取手动的方法来实现,按下"Alt+Enter"组合键即可分行输入。

如果有大量的单元格需要这样做,可以对单元格进行格式化处理。选择"自动换行"也可以多行显示。具体操作见图 1-24。

3. 数据的快速填充

在表格中经常要输入一些有规律的数据,如果按常规逐个输入这些数据,则既浪费时间又容易出错。下面介绍几种快速录入数据的方法。

(1) 在多个单元格中输入相同的数据

用户在 Excel 中输入数据的时候,由于数据的特殊性,经常要在许多单元格输入相同的内容,这些单元格有时是连续的,有时是不连续的,可以用如下操作来实现:

① 先选中所有要输入相同内容的单元格,如果是不连续的单元格,可以结合【Ctrl】键和鼠标左键进行选择。

② 输入数据内容,完毕后,按【Ctrl】+【Enter】组合键,被选中的单元格就填充了相同内容。

(2) 自动完成输入功能

如果在单元格中输入的起始字符与该列已有单元格中的内容相符,那么 Excel 可以自动填写其余的字符,按【Enter】键可以自动接受所提供的字符。如果不想采用,继续输入就可以忽略它。

(3) 自动填充

如果需要输入的数字或文字数据并不完全一样,但有一定的规律,那么可以根据某种模式或基于其他单元格中的数据,使用以下方法在单元格中填充数据,以提高输入效率。

① 使用填充柄将数据填充到相邻的单元格中。

要快速填充多种类型的数据序列,可以选择单元格,使用填充柄,选择要用作其他单元格填充基础的单元格,然后将填充柄横向或纵向拖过填充的单元格。

要更改选定区域的填充方式,可以单击"自动填充选项",然后单击所需的选项。例如,可以选择单击"仅填充格式"以只填充单元格格式,也可以选择单击"不带格式填充"

以只填充单元格的内容,等等。图1-7、图1-8分别是以数字为填充方式、以日期为填充方式时的提示菜单。

图1-7　　　　　　　　　　　　　图1-8

提示：如果向所选单元格区域的上方或左边拖动填充柄,并停止在所选单元格区域中而不超过所选单元格区域的第一列或第一行,Excel将删除选定区域内的数据。必须在松开鼠标按钮之前,拖动填充柄超出选定区域。

② 填充一系列数字、日期或其他内置序列项目。

可以使用填充柄或"填充"命令快速在区域中的单元格中填充一组数字或日期,或一组内置工作日、月份或年份。

例如,如果要使用序列1、2、3、4、5…,须在前两个单元格中键入"1"和"2",然后选择包含起始值的单个或多个单元格。拖动填充柄使其经过要填充的区域。

若要按升序填充,须从上到下或从左到右拖动。若要按降序填充,须从下到上或从右到左拖动。

③ 使用"填充"命令用序列填充单元格。

选择要填充的区域中的第一个单元格,键入这一组数字的起始值,在"开始"选项卡上的"编辑"组中,单击"填充",再单击"序列",弹出对话框,如图1-9所示。

图1-9

在"类型"下,单击以下选项之一:

◆ 等差序列：创建一个序列，其数值通过对每个单元格数值依次加上"步长值"框中的数值计算得到。

◆ 等比序列：创建一个序列，其数值通过对每个单元格数值依次乘以"步长值"框中的数值计算得到。

◆ 日期：创建一个序列，其填充日期递增值在"步长值"框中设置，并在"日期单位"单选按钮中选择所需要的日期单位。

◆ 自动填充：创建一个与拖动填充柄产生相同结果的序列。

例如，分别在 B 列、C 列、D 列用序列填充等差数列、等比数列和 2017 年 5 月 1 日到 5 月 10 日所有工作日的数据，结果如图 1-10 所示。

B	C	D
等差数列	等比数列	所有工作日（1-10）
1	1	2017/5/1
4	2	2017/5/2
7	4	2017/5/3
10	8	2017/5/4
13	16	2017/5/5
16	32	2017/5/8
19	64	2017/5/9
22	128	2017/5/10
25	256	
28	512	
31	1024	

图 1-10

④ 使用自定义填充序列填充数据。

要简化特定数据序列（例如姓名或销售区域的列表）的输入操作，可以创建自定义填充序列。可以基于工作表上的现有项目列表来创建自定义填充序列，也可以从头开始键入列表。虽然不能编辑或删除内置的填充序列（例如用于填充月份和日期的填充序列），但可以编辑或删除自定义填充序列。

注意：自定义序列只能包含文本或与数字混合的文本。

例如，要按"北京、上海、广州、深圳、天津、南京"这个顺序来进行定义序列，操作步骤如下：

◆ 单击"文件"选项卡，然后单击"选项"。

◆ 单击"高级"，然后在"常规"下，单击"编辑自定义列表"按钮。

◆ 确保所选项目列表的单元格引用显示在"从单元格中导入序列"框中，然后单击"导入"按钮，或者直接输入序列"北京、上海、广州、深圳、天津、南京"。单击"添加"按钮，所选列表中的项目将添加到"自定义序列"框中，如图 1-11 所示。

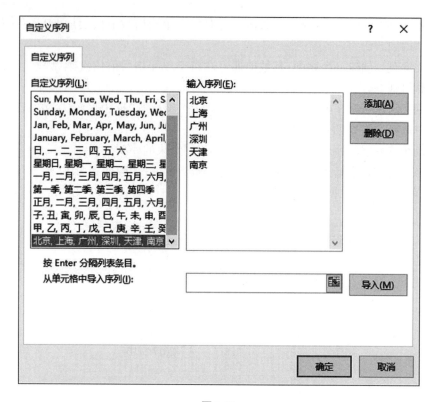

图 1-11

◆ 单击"确定"按钮,即可完成自定义序列。

使用时,在单元格中输入"北京"后,拖动填充柄,即可实现"北京、上海、广州、深圳、天津、南京"这个序列的填充。

三、编辑工作表

建立工作表之后,用户需要根据实际要求,利用 Excel 提供的编辑功能,对工作表进行修改和调整,使其符合实际需要。

1. 工作表的基本操作

(1) 选择工作表

对 Excel 工作表进行操作,首先要选择 Excel 工作表。

① 选择单个工作表。

在工作簿中,单击 Excel 窗口下方的工作表标签,即可选择该工作表。另外,当工作表比较多时,可以用鼠标右击工作表标签左侧的导航栏上的按钮,打开"激活"对话框,在对话框的"活动文档"列表中选择工作表名,单击"确定"按钮,也可以实现对工作表的选择。

提示:如果在 Excel 窗口底部看不到所有的工作表标签,可以单击工作表导航栏上的箭头按钮,让工作表标签滚动显示。

另外,按【Ctrl】+【PageUp】组合键和【Ctrl】+【PageDown】组合键也可以实现工作表的切换,它们的作用分别是切换到上一张工作表和切换到下一张工作表。

② 选择连续的多个工作表。

单击某个工作表标签，然后按住【Shift】键，同时单击另一个工作表标签，则这两个标签间的所有工作表将被选择。

③ 选择不连续的多个工作表。

按住【Ctrl】键，依次单击需要选择的工作表标签，则这些工作表将被同时选择。

提示：在同时选择了多个工作表后，要取消对这些工作表的选择，只需要单击任意一个未被选择的工作表标签即可。

（2）插入和删除工作表

新建一个 Excel 2016 工作簿时，系统会自动生成 1 个工作表，用户可以根据需要插入或删除工作表。

① 在 Excel 2016 工作簿中，单击工作表标签右边的"＋"号，可以快速新建一个工作，如图 1-12 所示。

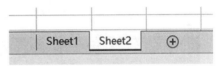

图 1-12

② 右击工作表标签，在弹出的快捷菜单中选择"插入"项，也可以插入一张工作表。

③ 按"Shift+F11"组合键也可以新建一个工作表。

④ 右击工作表标签，在弹出的快捷菜单中选择"删除"项即可删除该工作表。

（3）移动和复制工作表

在 Excel 2016 中，可以将 Excel 工作表移动或复制到同一工作簿的其他位置或其他 Excel 工作簿中。需要注意的是，在 Excel 2016 中移动或复制工作表时要十分谨慎，若移动了工作表，则基于工作表数据的计算可能出错。

① 在同一工作簿中移动和复制工作表。

在同一个工作簿中，直接拖动工作表标签至所需位置即可实现工作表的移动；若在拖动工作表标签的过程中按住【Ctrl】键，则可以复制工作表。

② 在不同工作簿间移动和复制工作表。

要在不同工作簿间移动和复制工作表，可执行以下操作：

◆ 打开要进行移动或复制的源工作簿和目标工作簿，选中要进行移动或复制操作的单个或多个工作表标签。

◆ 右击选中的工作表标签，在展开的列表中选择"移动或复制"项，如图 1-13 所示，打开"移动或复制工作表"对话框。

◆ 在"将选定工作表移至工作簿"下拉列表中选择目标工作簿，在"下列选定工作表之前"列表中选择要将工作表复制或移动到目标工作簿的位置。若要复制工作表，须选中"建立副本"复选框，如图 1-14 所示。

◆ 单击"确定"按钮，即可实现不同工作簿间工作表的移动或复制。

 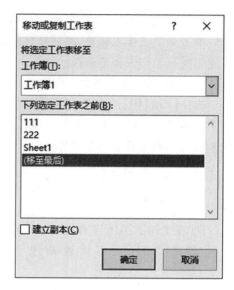

图 1-13　　　　　　　　　　　　　　图 1-14

(4) 重命名工作表

① 在工作表中，右击需要重命名的工作表标签，在弹出的快捷菜单中选择"重命名"选项，输入要改的名字，如改名为"人事档案表"，按【Enter】键即可完成。

② 在"开始"选项卡下点击"格式"，在展开的列表中选择"重命名工作表"，修改标签名字，然后按【Enter】键即可完成改名。

③ 双击工作表标签，直接进入编辑状态，对工作表进行重命名。

(5) 隐藏工作表

在工作表较多的情况下，选择操作工作表很不方便，这时候就可以对暂不需要操作的工作表进行隐藏。工作表隐藏和取消隐藏的操作方法如下：

① 在工作表中，右击选中的工作表标签，在展开的列表中选择"隐藏"选项，刚才选中的工作表就被隐藏了。

② 如果需要取消隐藏，则在工作表标签上单击鼠标右键，然后选择"取消隐藏"选项，这时会弹出一个对话框，选择需要取消隐藏的工作表，然后"单击"确定即可。

2. 工作表的拆分和冻结

在使用 Excel 工作表的时候，如果 Excel 间距比较大，数据比较多，为了更方便地看到更多的数据，可以把 Excel 工作表的窗口进行拆分与冻结。

(1) 冻结工作表首行

选择"视图"选项卡，然后选择窗口区域的"冻结窗口"按钮，在弹出的菜单中选择"冻结首行"选项，如图 1-15 所示。

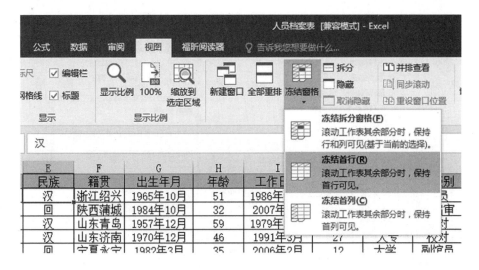

图 1-15

（2）冻结工作表首列

Excel 中冻结窗口首列的方法步骤与冻结窗口首行基本上一样,只是在最后选择"冻结首列"即可。

（3）冻结拆分窗格多行或多列

当工作表比较长时,既需要看上面的内容,又需要看下面的内容,或者当工作表比较宽时,既需要看前面的内容,又需要看后面的内容,这时候就可以选择"冻结拆分窗格"的多行或者多列。操作方法如下：

① 选择拆分窗口的行数或者列数,如：需要冻结前 3 行,那么需要选择第 4 行整行。

② 选择"视图"选项卡,选择"窗口"区域的"冻结窗格"里的"冻结拆分窗格"。

③ 冻结多列的方法和冻结多行的一样,如：需要冻结前 6 列,那么需要选择第 7 列整列。

提示：在 Excel 中不管冻结窗口某一行或某一列,都需要注意每一个操作步骤,Excel 工作表的窗口进行拆分与冻结一般使用在大工作表、长工作表和数据多的工作表中。

3. 保护工作表和工作簿

（1）保护工作表

在工作当中,为了防止制作的一些重要表格数据被他人随意改动,给 Excel 工作表设置密码保护是十分有必要的,具体操作如下：

① 打开 Excel 表格,在功能选区中选择"审阅"→"保护工作表"。

② 在弹出的"保护工作表"对话框中进行取消保护所需密码的设置,输入设置的密码,如图 1-16 所示。

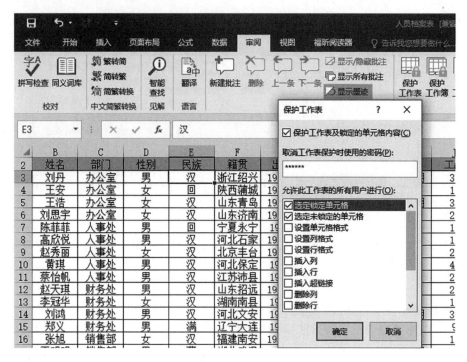

图 1-16

③ 在"保护工作表"对话框中单击"确定"按钮，Excel 会跳出一个"确认密码"对话框，在"重新输入密码"文本框中输入刚才设置的密码后，单击"确定"按钮即可，如图 1-17 所示。

这样，更改数据时就需要密码许可，没有密码则无法对数据进行修改。

（2）保护工作簿

在工作当中，为了防止制作的一些重要表格数据被他人随意改动，给 Excel 工作簿设置密码保护是十分有必要的，具体操作如下：

① 启动 Excel 2016 并打开工作簿，打开功能区的"审阅"选项卡，鼠标单击"更改"组中的"保护工作簿"按钮，此时将打开"保护结构和窗口"对话框，勾选"结构"复选框。

② 在"密码"文本框中输入保护工作簿的密码，完成设置后单击"确定"按钮关闭对话框，如图 1-18 所示。

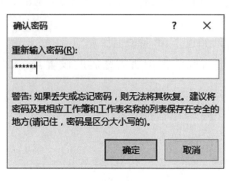

图 1-17

图 1-18

③ 此时，Excel 会弹出"确认密码"对话框，在"重新输入密码"文本框中输入刚才设置的密码，如图 1-19 所示。单击"确定"按钮关闭该对话框。此时工作簿处于保护状态，工作表无法实现移动、复制和隐藏等操作。

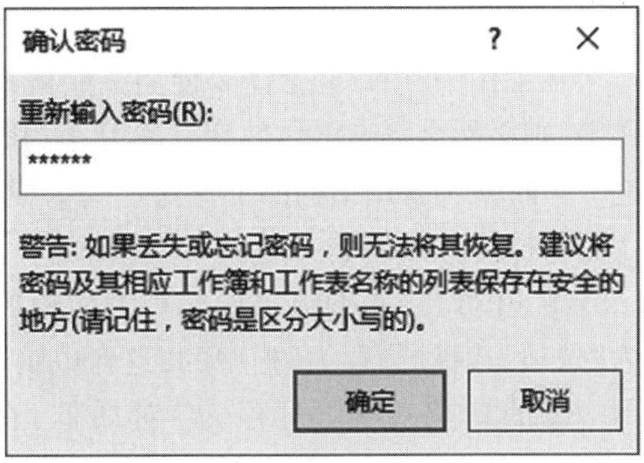

4. 应用模板

在启动 Excel 2016 后，用户既可以创建空白文档，也可以根据需要选择 Office 的设计模板来创建文档。下面介绍 Excel 2016 工作簿模板的使用方法。

图 1-19

(1) 新建文档模板

启动 Excel 2016，程序窗口中列出了常用的文档模板，单击需要使用的模板，如图 1-20 所示。此时，Excel 弹出该模板的提示对话框，对话框中显示模板的使用说明及缩览图等信息，单击"创建"按钮，Excel 将下载该模板并创建基于该模板的工作簿。此时，用户根据需要对工作表进行修改即可。

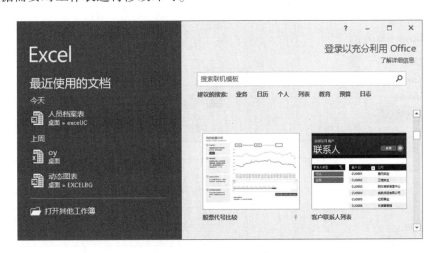

图 1-20

(2) 搜索联机模板

在进行文档编辑时，打开"文件"选项卡，选择左侧的"新建"选项，在页面中的"建议的搜索"栏中单击相应的选项。例如，选择"日历"选项，此时，Excel 将搜索联机模板，在页面右侧的"分类"栏中显示模板的分类列表；选择某个类别后，页面的中间将列出该类别的所有模板。单击其中需要使用的模板，此时，Excel 将给出该模板的提示信息，单击对话框中的"创建"按钮，即可创建基于该模板的空白文档。

（3）创建自定义工作簿模板

在工作中,用户经常需要使用一些格式固定的 Excel 工作簿,如果每次都重新创建工作簿,则必然会影响工作效率。实际上,用户可以通过自定义工作簿模板来解决这个问题。当将某种常用结构的工作簿定义为模板后,用户将能够在每次使用时直接打开并使用它。操作方法如下：

① 启动 Excel,打开需要保存为模板的工作簿文件。在"文件"选项卡中选择"另存为"选项,选择"另存为"栏中的"这台电脑"选项,单击"浏览"按钮。

② 此时将打开"另存为"对话框,在"保存类型"下拉列表中选择"Excel 模板(＊.xltx)"选项,"另存为"对话框会自动将保存路径定位。在对话框的"文件名"文本框中输入模板的名称,完成设置后单击"保存"按钮保存文档,如图 1-21 所示。

图 1-21

③ 当需要创建基于该模板的 Excel 工作簿时,可以在"文件"选项卡中选择"新建"选项,在页面中单击"个人"选项获得用户的自定义模板列表,单击需要使用的模板选项即可打开该模板。

四、修饰工作表

在默认情况下,新建工作表中不包含任何特定的格式和内容,如果用户希望插入的新工作表具有某些特定的内容和格式,则可以通过简单的设置达到目的。

1. 设置列宽和行高

新建的 Excel 表格在默认的情况下列宽和行高都是有限的,如果字体大一点,单元格就显得不美观,这时可以通过设置列宽和行高满足用户需求。

(1) 设置列宽

用户可以把光标放在列的交界处,当光标呈现左右箭头形状时,进行拖拽,即可设置单列的宽度。

用户也可以在"开始"选项卡下的"格式"里面设置列宽,如图1-22所示。

(2) 设置行高

设置Excel行高的操作方法与设置列宽的方法类似,也可以通过拖拽行的交界线和"开始"选项卡下的"格式"来进行设置。

2. 设置单元格格式

在创建完Excel表格以后,需要对工作表进行简单的美化,一般使用的是Excel的"设置单元格格式"对话框。"设置单元格格式"对话框里面包含了数字、对齐、字体、边框、填充、保护6个标签,通过这些标签可以进行工作表的格式设置,如图1-23所示。

图 1-22

图 1-23

(1) 数字标签

在数字标签里，可以设置数据的格式。因为电子表格应用程序是用来处理数值数据的，所以数值格式是工作表中最关键的部分。格式化数值数据的方式由用户决定，但同一个工作簿的各个工作表应使用一致的处理数字的方法。

例如，可以用来处理数值数据的方法包括使所有的负数具有不同的颜色（如红色或蓝色），用逗号作为千位分隔符，等等，如图 1-23 所示。

Excel 提供许多内在的数值格式，也可以自定义，生成用户自己的数值格式。

(2) 对齐标签

在对齐标签里包含了文本对齐方式、文本控制、文字方向等几个选项区域，可以通过对齐来设置文本的对齐方式，文本控制里面可以设置合并单元格、自动换行等，另外，还可以设置文字的方向与角度，如图 1-24 所示。

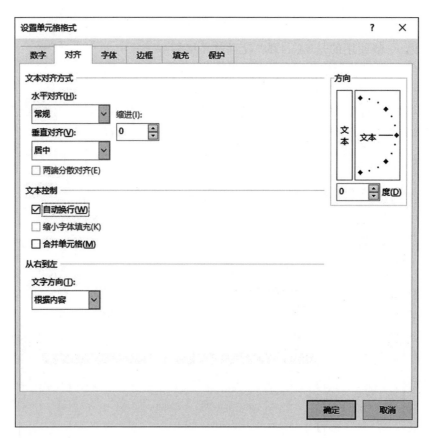

图 1-24

(3) 字体标签

通过字体标签可以设置字体的样式，包括字体、字形、字号、特殊效果以及字体的颜色等。

(4) 边框标签

边框标签在 Excel 中还是比较重要的。默认情况下，Excel 文档打印出来是不带表格边框的，如果需要显示边框，则可以通过给 Excel 工作表设置边框来实现，还可以给边框设置颜色。另外，斜线表头也可以通过斜线边框来制作。如图 1-25 所示。

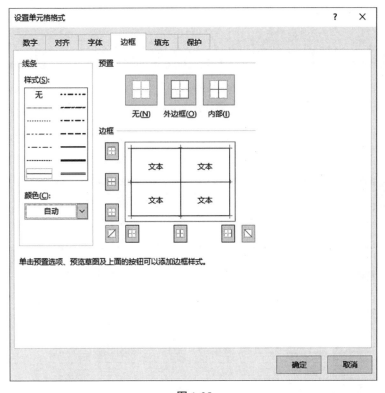

图 1-25

 技巧

可以利用边框产生三维效果，方法是将浅色作为背景色，以白色作为边框顶部和左部的颜色，黑色作为边框底部的颜色，这样就会产生凸的效果，反之，则产生凹的效果。

（5）填充标签

填充标签主要用于给单元格填充背景色或者背景图案，对于一些重要的需要标记的数据，用户可以设置填充背景。

（6）保护标签

保护标签需要结合"审阅"选项卡中的"保护工作表"选项使用，可以通过设置让 Excel 部分单元格的数据无法进行修改。

 技巧

当定义一个单元格格式后，又要把这个单元格格式用于另外的单元格时，使用"格式刷"能够快速地实现此功能。

3. 自动套用格式

在 Excel 中设计好表格以后，如果想快速美化单元格，可以使用 Excel 中的自动套用表格格式。在 Excel 中自动套用表格格式的操作方法如下：

① 打开一个设计好的 Excel 表格,然后选中需要设置表格格式的单元格区域。

② 选择"开始"选项卡下的"套用表格格式",则打开如图 1-26 所示的各类表格格式,用户可以根据自己的喜好进行选择。

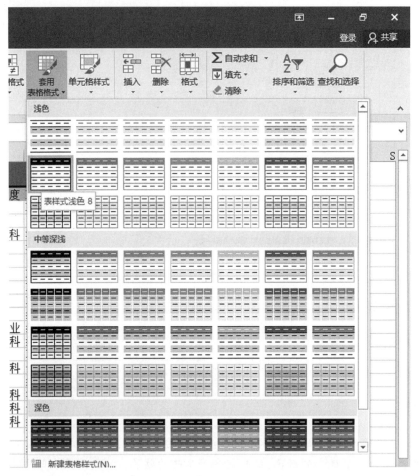

图 1-26

③ 选择需要的 Excel 表格格式,在弹出的"套用表格式"对话框中点击"确定"即可。

创建自动套用表格格式后,若不需要,可以将表转换为常规工作表上的数据区域。将表格转换回区域后,表格功能将不再可用。例如,行标题不再包括排序和筛选箭头,而在公式中使用的结构化引用(使用表格名称的引用)将变成常规单元格引用。步骤如下:单击表格中的任意位置,然后转到"表格工具"→"设计",在"工具"组中,单击"转换为区域",如图 1-27 所示。在弹出的对话框中单击"是"即可,如图 1-28 所示。

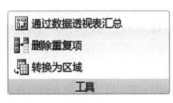

图 1-27

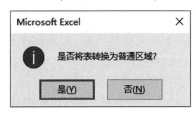

图 1-28

五、打印工作表

Excel 工作表制作完成后,往往需要将其打印出来,要使打印的工作表更加美观,用户可以对页面设置、打印设置和打印预览等进行调整。

1. 页面设置

页面设置包括页面、页边距、页眉/页脚、工作表四种设置。这里主要介绍页面、页边距和工作表的设置。

（1）页面

打开需要打印的工作表,在"页面布局"选项卡中单击"页面设置"组中的按钮,打开"页面设置"对话框。在对话框的"页面"选项卡中对页面方向和纸张大小进行设置,如图1-29所示。

（2）页边距

在"页面设置"对话框中单击"页边距"标签打开该选项卡,在选项卡的"上""下""左"和"右"微调框中输入数值,设置文本边界与页面四周边界的距离,如图1-30所示。完成设置后单击"确定"按钮关闭对话框即可。

图 1-29

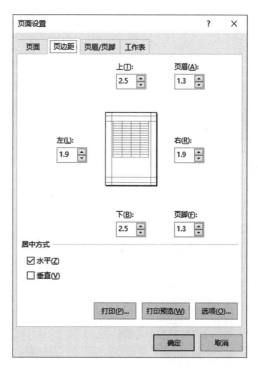

图 1-30

（3）工作表

在"页面设置"对话框中单击"工作表"标签打开该选项卡,如果用户希望每页都打印标题部分,在"顶端标题行"中选择页面标题即可以实现,如图1-31所示。完成设置后单击"确定"按钮关闭对话框即可。

图 1-31

2. 打印预览及打印

（1）打印预览

在正式打印之前，用户可以单击"页面设置"对话框中的"打印预览"按钮或工具栏中的"打印预览"按钮，打开预览页面查看效果，如图 1-32 所示。

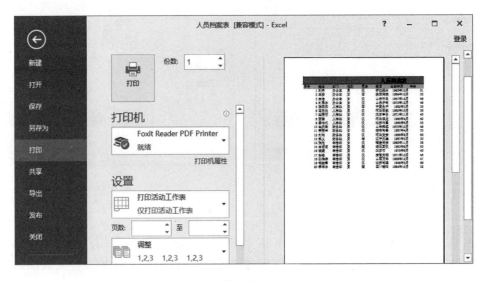

图 1-32

(2) 打印

打印工作表之前,最好先进行预览,以确保其外观符合需要。

① 要打印单个活动工作表、多个活动工作表或整个工作簿,可在"设置"下选择所需的选项,如图1-33所示。

② 设置打印选项。

◆ 若要更改打印机,可单击"打印机"下的下拉框,然后选择所需打印机。

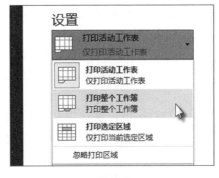

图 1-33

◆ 若要更改页面设置,包括更改页面方向、纸张大小和页边距,可在"设置"下选择所需选项。

◆ 要缩放整个工作表以适合单个打印页,可在"设置"下的缩放选项下拉框中单击所需选项。

◆ 若要打印活动工作表或整个工作簿或选定区域或所选表,可在"设置"下的打印选项下拉框中选择所需选项。

◆ 设置完毕后,单击"打印"按钮即可。

提示:如果工作表具有定义的打印区域,Excel将仅打印该区域。如果不想打印定义的打印区域,须单击"忽略打印区域"。

任务三 公式应用

公式是Excel工作表中进行数值计算的等式。简单的公式有加、减、乘、除等计算,复杂一些的公式包含常量、运算符、函数和引用。

一、公式概述

公式用于对工作表中的数据执行计算或其他操作。公式始终以等号"="开始,后面可以跟数字、数学运算符(如"+"号或"-"号用于加减)和内置Excel函数,后者可以真正扩大公式的功能。

例如:公式"=5*7+3",表示将5与7相乘,然后将结果与3相加,得出答案38。

1. 公式包含内容

(1) 常量

常量是直接输入公式中的数字或文本值,例如"2"。常量是一个不通过计算得出的值,它始终保持不变。例如,日期10/5/2017、数字100以及文本"销售数量"等都是常量。表达式或从表达式得到的值不是常量。如果在公式中使用常量而不是对单元格的引用(例如"=30+70+50"),则仅在修改公式时结果才会变化。通常,最好在各单元格中放置常量,然后在公式中引用这些单元格。

(2) 函数

函数是通过特定值(称为参数)按特定顺序或结构执行计算的预定义公式。函数可用于执行简单或复杂的计算。如 PI( ) 函数返回 pi 值 3.14159…。

（3）引用

引用的作用在于标识工作表上的单元格或单元格区域,并告知 Excel 在何处查找要在公式中使用的值或数据。如 A2 返回单元格 A2 中的值。

（4）运算符

运算符可指定要对公式元素执行的计算类型。如"^"(脱字号)运算符表示数字的乘方,而"＊"(星号)运算符表示数字的乘积。

2. 运算符

Excel 遵循常规数学规则进行计算,即括号、指数、加减乘除,可使用括号更改计算次序。运算符分为 4 种不同类型：算术运算符、比较运算符、文本连接运算符和引用运算符。

（1）算术运算符

若要进行基本的数学运算(如加法、减法、乘法或除法)、合并数字以及生成数值结果,可使用表 1-1 中的算术运算符。

表 1-1 算术运算符

算术运算符	含义	示例
+(加号)	加法	=6+6
-(减号)	减法	=66-6
＊(星号)	乘法	=6＊6
/(正斜杠)	除法	=6/6
%(百分号)	百分比	60%
^(脱字号)	乘方	=6^2

（2）比较运算符

可使用表 1-2 中的运算符比较两个值。使用这些运算符比较两个值时,结果为逻辑值 TRUE 或 FALY3。

表 1-2 比较运算符

比较运算符	含义	示例
=(等号)	等于	=A1=B1
>(大于号)	大于	=A1>B1
<(小于号)	小于	=A1<B1
>=(大于或等于号)	大于或等于	=A1>=B1
<=(小于或等于号)	小于或等于	=A1<=B1
<>(不等号)	不等于	=A1<>B1

（3）文本连接运算符

可以使用"&"(与号)连接(或串联)一个或多个文本字符串,以生成一段文本,如表 1-3 所示。

表1-3 文本连接运算符

文本连接运算符	含 义	示 例
&(与号)	将两个值连接(或串联)起来产生一个连续的文本值	="AB"&"CD"的结果为"ABCD" A1代表"江苏省",B1代表"南京市",则=A1&B1的结果为"江苏省南京市"

(4)引用运算符

可以使用表1-4中的运算符对单元格区域进行合并计算。

表1-4 引用运算符

引用运算符	含 义	示 例
:(冒号)	区域运算符,生成一个对两个引用之间所有单元格的引用(包括这两个引用)	A5:B15
,(逗号)	联合运算符,将多个引用合并为一个引用	=SUM(B1:B4,D1:D4)
(空格)	交集运算符,生成一个对两个引用中共有单元格的引用	=SUM(A:B 1:2)

3. 计算次序

在某些情况下,执行计算的次序会影响公式的返回值。Excel中的公式始终以等号"="开头,将等号后面的字符解释为公式。等号后面是要计算的元素(即操作数),如常量或单元格引用,它们由运算符分隔。Excel按照公式中每个运算符的特定顺序从左到右计算公式。

如果一个公式中有若干个运算符,Excel将按表1-5中的次序进行计算。如果一个公式中的若干个运算符具有相同的优先顺序,Excel将从左到右计算各运算符。若要更改求值的顺序,可将公式中要先计算的部分用括号括起来。

表1-5 运算符优先顺序一览表

运算符(优先顺序由高到低)	说 明
:(冒号)	引用运算符
(单个空格)	
,(逗号)	
–	负数(如–1)
%	百分比
^	乘方
*和/	乘和除
+和–	加和减
&	连接两个文本字符串(串连)
=	比较
<>	
<=	
>=	
<>	

二、公式引用

引用的作用在于标识工作表上的单元格或单元格区域,并告知 Excel 在何处查找要在公式中使用的值或数据。用户可以利用引用在一个公式中使用工作表不同部分中包含的数据,或者在多个公式中使用同一个单元格的值,还可以引用同一个工作簿中其他工作表上的单元格和其他工作簿中的数据。引用其他工作簿中的单元格被称为链接或外部引用。

1. A1 引用样式

默认情况下,Excel 使用 A1 引用样式,此样式引用字母标识列(从 A 到 XFD,共 16 384 列)以及数字标识行(从 1 到 1 048 576)。这些字母和数字被称为行号和列标。若要引用某个单元格,应输入后跟行号的列标。例如,B2 引用列 B 和行 2 交叉处的单元格。

2. 引用同一工作簿中另一个工作表上的单元格或单元格区域

同一工作簿中用感叹号"!"将工作表引用与单元格区域引用分开,如:"=SUM(工资!A1:A20)"指将计算同一个工作簿中名为"工资"的工作表中的 A1:A20 区域内所有值的总和。

3. 引用方式

Excel 引用方式有 3 种:绝对引用、相对引用和混合引用。

(1) 相对引用

公式中的相对单元格引用(如 A1)是基于包含公式和单元格引用的单元格的相对位置。如果公式所在单元格的位置改变,引用也随之改变。如果多行或多列地复制或填充公式,引用会自动调整。默认情况下,新公式使用相对引用。例如,如果将单元格 B2 中的相对引用复制或填充到单元格 B3,将自动从 =A1 调整到 =A2。

(2) 绝对引用

公式中的绝对单元格引用(如 $A$1)总是在特定位置引用单元格。如果公式所在单元格的位置改变,绝对引用将保持不变。如果多行或多列地复制或填充公式,绝对引用将不作调整。默认情况下,新公式使用相对引用,因此可能需要将它们转换为绝对引用。例如,如果将单元格 B2 中的绝对引用复制或填充到单元格 B3,则该绝对引用在两个单元格中一样,都是 =$A$1。

(3) 混合引用

混合引用具有绝对列和相对行或绝对行和相对列。绝对引用列采用 $A1、$B1 等形式。绝对引用行采用 A$1、B$1 等形式。如果公式所在单元格的位置改变,则相对引用将改变,而绝对引用将不变。如果多行或多列地复制或填充公式,相对引用将自动调整,而绝对引用将不作调整。例如,如果将一个混合引用从单元格 A2 复制到 B3,它将从 =A$1 调整到 =B$1。

提示:在使用引用时,默认是相对引用方式,如果想改为绝对引用,只需要在编辑栏选中公式,按【F4】键,就可以在绝对地址、混合地址以及相对地址之间转换。

4. 三维引用样式

三维引用便于引用多个工作表。如果要分析同一工作簿中多个工作表上相同单元格或单元格区域中的数据,可使用此样式。三维引用包含单元格引用或区域引用,前面加上工作表名称的范围。Excel 使用存储在引用开始名和结束名之间的任何工作表。例如，=SUM(Sheet2:Sheet13!B5)将计算 B5 单元格内包含的所有值的和，单元格取值范围是从工作表 2 到工作表 13。

提示：三维引用不能用于数组公式中；不能与交集运算符（单个空格）一起使用三维引用；也不能在使用了绝对交集的公式中使用三维引用。

5. R1C1 引用样式

对于 R1C1 引用样式而言，Excel 指出了行号在"R"后而列号在"C"后的单元格的位置。该引用样式对于计算位于宏内的行和列的位置很有用。

三、使用名称

用户可以创建已定义名称来代表单元格、单元格区域、公式、常量或 Excel 表格。名称是一种有意义的简写形式，它更便于了解单元格引用、常量、公式或表格的用途。

1. 定义名称

有多种方法定义名称，可以单击"公式"菜单下的"定义名称"进行定义，也可以选定区域后直接在编辑栏输入名称，按【Enter】键确认即可。例如，选择 A1:B17 区域，在编辑栏输入名称"GZB"，按【Enter】键确认即可。

2. 管理名称

单击"公式"菜单下的"名称管理器"，打开"名称管理器"窗口，可以对名称进行编辑、删除等操作，如图 1-34 所示。

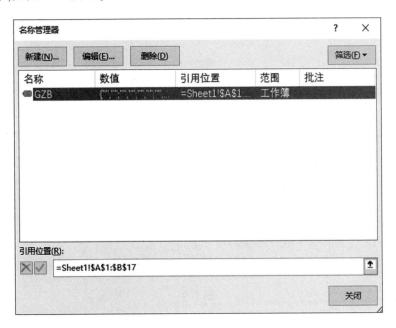

图 1-34

3. 使用名称

如上例，我们计算 A1:B17 的和时可以使用名称"GZB"来代替 A1:B17，即用公式"=SUM(GZB)"即可。

提示：默认情况下，名称使用为绝对单元格引用。

四、使用数组

数组公式可以执行多项计算并返回一个或多个结果。数组公式对两组或多组名为数组参数的值执行运算。每个数组参数都必须有相同数量的行和列。除了用【Ctrl】+【Shift】+【Enter】组合键结束公式输入外，创建数组公式的方法与创建其他公式的方法相同。

1. 数组公式的输入

（1）输入数组常量

数组常量可以包含数字、文本、TRUE 或 FALY3 等逻辑值、#N/A 等错误值。同一个数组常量中可以包含不同类型的值，例如｛1,3,4;TRUE,FALY3,TRUE｝。数组常量中的数字可以使用整数、小数或科学记数格式。文本必须包含在半角的双引号内，例如"Tuesday"。

例 1：在同一行输入数组常量。在 A1 到 D1 区域输入数组常量"10、20、30 和 40"，操作步骤为：选定 A1 到 D1 区域，在编辑栏输入公式"=｛10,20,30,40｝"，按【Ctrl】+【Shift】+【Enter】组合键结束，如图 1-35 所示。

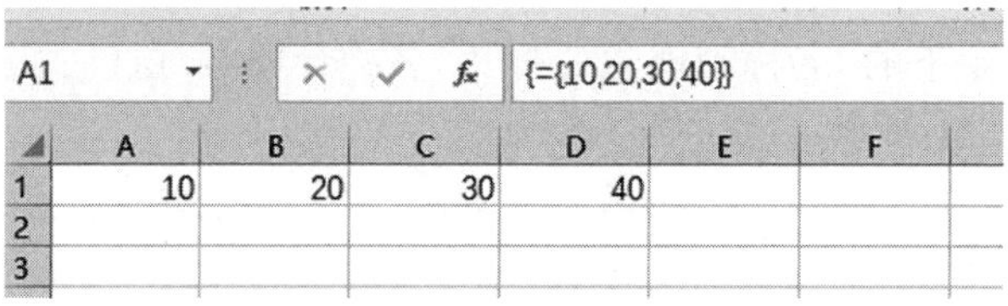

图 1-35

提示：输入时，用逗号","将不同列的值分隔开。

例 2：在不同行输入数组常量。在"A1 到 D2"区域输入数组常量"10、20、30、40、50、60、70、80"，操作步骤为：选定 A1 到 D2 区域，在编辑栏输入公式"=｛10,20,30,40；50,60,70,80｝"，按【Ctrl】+【Shift】+【Enter】组合键结束，如图 1-36 所示。

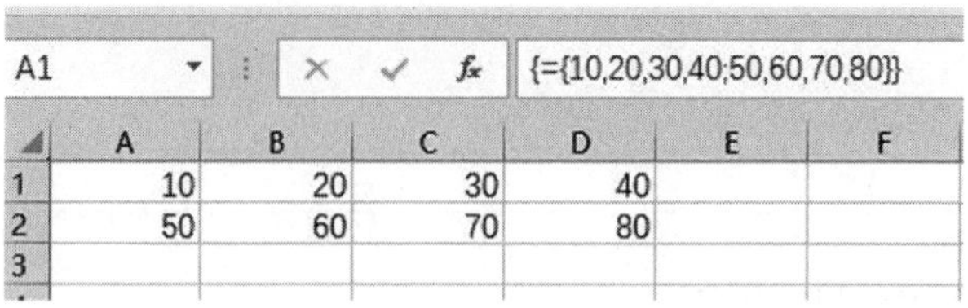

图 1-36

提示：输入时，用逗号","将不同列的值分隔开，用分号"；"将不同行的值分隔开。

（2）输入数组公式

在使用函数进行数据计算时，有时计算的对象是某个计算结果，此时则必须使用数组公式来进行处理。使用数组公式可以以一个数组公式来实现需要分别使用多个公式才能实现的功能，能够有效地简化工作表。

下面以按照权重计算总成绩为例来介绍创建计算单个结果的数组公式的方法。

① 在工作表的单元格中输入学生各科成绩,如图1-37所示。

	A	B	C	D	E
1	《财务会计》成绩表				
2	学号	平时成绩(30%)	期中成绩(30%)	期末成绩(40%)	总成绩
3	KJ001	86	88	90	88.2
4	KJ002	75	67	76	73.0
5	KJ003	78	77	68	73.7
6	KJ004	88	67	76	76.9
7	KJ005	90	88	84	87.0
8	KJ006	75	79	90	82.2
9	KJ007	70	67	76	71.5

编辑栏公式:{=B3:B9*30%+C3:C9*30%+D3:D9*40%}

图1-37

② 选中 E3：E9 单元格区域,在编辑栏中输入公式"=B3：B9 * 30%+C3：C9 * 30%+D3：D9 * 40%"。完成输入后,按【Ctrl】+【Shift】+【Enter】组合键创建数组公式。此时编辑栏中公式的外侧添加了"{}",单元格中显示了计算结果。如图1-37所示。

提示：输入数组公式时,Excel 会自动在"{}"（大括号）之间插入公式。如果尝试自己输入大括号,Excel 会将公式作为文本显示。

2. 数组公式的编辑

不能单独编辑、清除或移动数组公式中涉及的单元格区域的某一单元格,若要修改可按以下步骤进行：

① 如果已输入的是单个单元格数组公式,则选择单元格,按【F2】键进行更改,然后按【Ctrl】+【Shift】+【Enter】组合键确认。

② 如果已输入的是一个多单元格数组公式,则选择所有单元格,按【F2】键,修改时应遵循下述规则：

◆ 不能移动包含该公式的单个单元格,但是可以以组的形式移动所有这些单元格,而且公式中的单元格引用也将随之改变。若要移动它们,应选择所有这些单元格,按下【Ctrl】+【X】组合键,选择新位置,然后按下【Ctrl】+【V】组合键。

◆ 不能删除数组公式中的单元格,但可以删除整个公式并重新开始编辑。

◆ 不能向结果单元格块中添加新的单元格,但可以将新数据添加到工作表,然后展开公式。

◆ 完成更改后,按下【Ctrl】+【Shift】+【Enter】组合键确认。

任务四　函数应用

函数是通过特定值(称为参数)按特定顺序或结构执行计算的预定义公式。函数可用于执行简单或复杂的计算。可在功能区的"公式"选项卡上找到 Excel 的所有函数,如图1-38所示。

图 1-38

一、函数概述

1. 函数语法

（1）结构

函数的结构以等号"="开始，后面紧跟函数名称和左括号，然后以逗号分隔输入该函数的参数，最后是右括号，如=SUM(A1,A2,A3)。

（2）函数名称

如果要查看可用函数的列表，可单击某个单元格并按【Shift】+【F3】组合键，打开"插入函数"对话框，或者单击"公式"菜单下的"插入函数"也可以打开该对话框，如图 1-39 所示。

图 1-39

（3）参数

参数可以是数字、文本、TRUE 或 FALY3 等逻辑值、数组、错误值（如#N/A）或单元格引用。指定的参数都必须为有效参数值。参数也可以是常量、公式或其他函数。

（4）参数工具提示

在键入函数时，会出现一个带有语法和参数的工具提示。例如，键入"=SUM("时，会出现工具提示。工具提示仅在使用内置函数时才会出现。

2. 输入 Excel 函数

（1）使用函数对话框

如果创建带函数的公式,可使用"插入函数"对话框帮助输入工作表函数。在"插入函数"对话框中选择函数后将启动函数向导,弹出"函数参数"对话框,该对话框会显示函数的名称、各个参数、函数及各参数的说明、函数的当前结果,以及整个公式的当前结果,如图 1-40 所示。

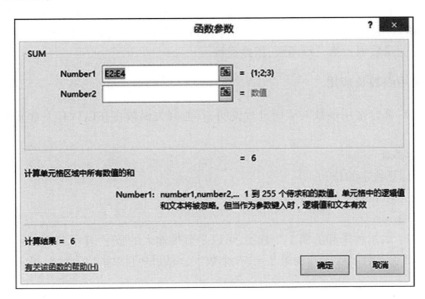

图 1-40

（2）使用公式自动完成

如果想更轻松地创建和编辑公式,同时最大限度地减少键入和语法错误,可使用公式自动完成功能。键入"="和函数开头的几个字母后,Excel 会显示一个动态下拉列表,列表中包含与这几个字母相匹配的有效函数,这时可从下拉列表中选择一项,如图 1-41 所示。

3. 嵌套 Excel 函数

在某些情况下,可能需要将某函数用作另一函数的参数。例如,以下公式使用嵌套的 AVERAGE 函数并将结果与值 50 进行比较,如图 1-42 所示。

图 1-41

图 1-42

AVERAGE 函数和 SUM 函数嵌套在 IF 函数中。

（1）有效返回值

当将嵌套函数作为参数使用时,该嵌套函数返回的值类型必须与参数使用的值类型相同。例如,如果参数返回一个 TRUE 或 FALY3 值,那么嵌套函数也必须返回一个 TRUE 或 FALY3 值;否则,Excel 会显示"#VALUE!"（错误值）。

（2）嵌套级别限制

一个公式可包含多达 7 级的嵌套函数。如果将一个函数(称此函数为 B)用作另一函数(称此函数为 A)的参数,则函数 B 相当于第二级函数。例如,如果同时将 AVERAGE 函数和 SUM 函数用作 IF 函数的参数,则这两个函数均为第二级函数。在嵌套的 AVERAGE 函数中嵌套的函数则为第三级函数,依此类推。

二、常用函数及应用

本节仅对部分常用函数的应用进行说明,其他有关函数将在以后有关章节中分别予以介绍。

1. SUM 函数

功能：计算数字的总和。

语法：SUM(number1,[number2,…])

参数说明：

number1：表示要求和的第 1 个数字,可以是直接输入的数字、单元格引用或数组。

number2,…：表示要求和的第 2—255 个数字,可以是直接输入的数字、单元格引用或数组。

例：假设工作表中共有 50 个人的数据,首行为标题,A 列是部门,B 列是姓名,C 列是年龄,D 列是工资,要计算所有员工的工资总和,就单击 D52 单元格,输入公式"=SUM(D2:D51)",按【Enter】键确认,即可完成计算。

2. SUMIF 函数

功能：对范围中符合指定条件的值求和。

语法：SUMIF(range,criteria,[sum_range])

参数说明：

range：必需,根据条件进行计算的单元格的区域。每个区域中的单元格必须是数字或名称、数组或包含数字的引用。空值和文本值将被忽略。

criteria：必需,用于确定对那些单元格求和的条件,其形式可以为数字、表达式、单元格引用、文本或函数。例如,条件可以表示为 32、">32"、B5、"工程师"等。可以在 criteria 参数中使用通配符(包括问号"?"和星号"*")。

提示：任何文本条件或任何含有逻辑符号或数学符号的条件都必须使用一对双引号(")括起来。如果条件为数字,则无须使用双引号。

sum_range：可选,要求和的实际单元格,如果省略 sum_range 参数,Excel 会对在 range 参数中指定的单元格(即应用条件的单元格)求和。

例 1：假设工作表中共有 50 个人的数据,首行为标题,A 列是部门,B 列是姓名,C 列是年龄,D 列是工资,计算财务部所有员工的工资总和,在下方的单元格中输入公式"=

SUMIF(A2：A51,"财务部",D2：D51)",按【Enter】键确认后,就可得计算结果。

例2：接上例,计算年龄大于等于50岁的员工的工资总和,在下方的单元格中输入公式"=SUMIF(C2：C51,">=50",D2：D51)",按【Enter】键确认后,就可得计算结果。

3. AVERAGE 函数

功能：计算所有参数的算术平均值。

语法：AVERAGE(number1,number2,…)

参数说明：number1,number2,…是要计算平均值的1~30个参数。

例1：如果单元格D1到D5的数值分别为1 000、700、920、470和820,则在下方的单元格中输入公式"=AVERAGE(D1：D5)",按【Enter】键确认后,计算结果为782。

例2：如果把单元格A1：A5区域命名为"平均值",其中的数值分别为100、70、92、47和82,则在下方的单元格中输入公式"=AVERAGE(平均值)",按【Enter】键确认后,计算结果为78.2。

4. AVERAGEIF 函数

功能：返回某个区域内满足给定条件的所有单元格的平均值(算术平均值)。

语法：AVERAGEIF(range,criteria,[average_range])

参数说明：

range：必需,要计算平均值的一个或多个单元格,其中包含数字或包含数字的名称、数组或引用。

criteria：必需,形式为数字、表达式、单元格引用或文本的条件,用来定义将计算平均值的单元格。

average_range：可选,计算平均值的实际单元格组。如果省略,则使用range。

提示：忽略区域中包含TRUE或FALY3的单元格、空单元格。

例：假设工作表中共有50个人的数据,首行为标题,A列是部门,B列是姓名,C列是年龄,D列是工资,计算财务部所有员工的平均工资,在下方的单元格中输入公式"=AVERAGEIF(A2：A51,"财务部",D2：D51)",按【Enter】键确认后,就可得计算结果。

5. COUNT 函数

功能：计算包含数字的单元格个数以及参数列表中数字的个数。使用COUNT函数可获取区域中或一组数字中的数字字段中条目的个数。

语法：COUNT(value1,[value2],…)

参数说明：

value1：必需,要计算其中数字的个数的第一项、单元格引用或区域。

value2,…：可选,要计算其中数字的个数的其他项、单元格引用或区域,最多可包含255个。

提示：这些参数可以包含或引用各种类型的数据,但只有数字类型的数据才被计算在内。

例：计算区域A1：A20中数字的个数,如果此区域中有10个单元格包含数字,在下方的单元格中输入公式"=COUNT(A1：A20)",则答案就为10。

6. COUNTIF 函数

功能：用于统计满足某个条件的单元格的数量。

语法：COUNTIF(range,criteria)

参数说明：

range：必需，要进行计数的单元格组。区域可以包括数字、数组、命名区域或包含数字的引用。空白和文本值将被忽略。

criteria：必需，用于决定要统计哪些单元格数量的数字、表达式、单元格引用或文本字符串。

例：统计单元格 D2 到 D100 中包含"工程师"的单元格的数量。如果这个区域有 30 个包含"工程师"的单元格，在下方的单元格中输入公式"=COUNTIF(D2：D100,"工程师")"，则结果为30。

7. IF 函数

功能：根据对指定条件的逻辑判断的真假结果,返回相对应的内容。

语法：IF(logicaltest,value-if-true,value-if-falY3)

参数说明：

logicaltes：进行判断的条件。

value-if-true：条件判断结果为 TRUE 时返回的结果。

value-if-falY3：条件判断结果为 FALY3 时返回的结果。

例：假如在 C29 单元格中输入公式"=IF(C26>=18,"符合要求","不符合要求")","按【Enter】键确认后，如果 C26 单元格中的数值大于或等于 18，则 C29 单元格显示"符合要求"字样，反之显示"不符合要求"字样。

嵌套说明：IF 语句非常强大，可以利用嵌套来实现复杂的凑数。虽然 Excel 允许嵌套最多 64 个不同的 IF 函数，但不建议这样做。原因如下：一是多个 IF 语句要求大量思维正确生成，并确保其逻辑可以正确计算通过一直到结尾的每个条件；二是多个 IF 语句会变得非常难以维护。

8. ROW 函数

功能：返回引用的行号。

语法：ROW([reference])

参数说明：reference,可选,需要得到其行号的单元格或单元格区域。

提示：

如果省略 reference,则假定是对函数 ROW 所在单元格的引用。

如果 reference 为一个单元格区域，并且 ROW 作为垂直数组输入，则 ROW 将以垂直数组的形式返回 reference 的行号。

reference 不能引用多个区域。

例：在 D9 单元格输入公式"=ROW()",则显示数字"9"。

9. COLUMN 函数

功能：返回指定单元格引用的列号。

语法：COLUMN([reference])

参数说明：reference,可选,要返回其列号的单元格或单元格范围。

提示：如果省略参数 reference 或该参数为一个单元格区域，并且 COLUMN 函数是以水平数组公式的形式输入的，则 COLUMN 函数将以水平数组的形式返回参数 reference 的列号。

例：在 D9 单元格输入公式"=COLUMN( )"，则显示数字"4"。

10. RANK 函数

功能：返回一列数字的数字排位。数字的排位是其相对于列表中其他值的大小。

语法：RANK(number,ref,[order])

参数说明：

number：必需，要找到其排位的数字。

ref：必需，数字列表的数组，对数字列表的引用。ref 中的非数字值会被忽略。

order：可选，一个指定数字排位方式的数字。

提示：

如果 order 为 0(零)或省略，Excel 对数字的排位是基于 ref 为按照降序排列的列表；如果 order 不为零，Excel 对数字的排位是基于 ref 为按照升序排列的列表。

RANK 赋予重复数相同的排位，但重复数的存在将影响后续数值的排位。例如，在按升序排序的整数列表中，如果数字 10 出现两次，且其排位为 5，则 11 的排位为 7(没有排位为 6 的数值)。

例：根据图 1-43 中 B 列的数据进行销售量排名。在 C2 单元格输入公式"=RANK(B2,$B$2:$B$8)"，按【Enter】键确认，然后向下填充复制到 C8 单元格，计算结果如图 1-43 所示。

	A	B	C
1	商品名称	销售量	销售量排名
2	A1	156	7
3	A2	841	2
4	A3	437	4
5	A4	335	5
6	A5	628	3
7	A6	935	1
8	A7	310	6

图 1-43

注意： 这里的区域用的是绝对引用。

11. MAX 函数

功能：返回一组值中的最大值。

语法：MAX(number1,[number2],…)

参数说明：number1,number2,… number1 是必需的，后续数字是可选的。要从中查找最大值的 1 到 255 个数字。

提示：

参数可以是数字或者是包含数字的名称、数组或引用。

逻辑值和直接键入参数列表中代表数字的文本被计算在内。

如果参数是一个数组或引用，则只使用其中的数字。数组或引用中的空白单元格、逻辑值或文本将被忽略。

如果参数不包含任何数字，则 MAX 返回 0(零)。

如果参数为错误值或为不能转换为数字的文本，将会导致错误。

12. MAXIFS 函数

功能：返回一组给定条件或标准指定的单元格中的最大值。

语法：MAXIFS(max_range,criteria_range1,criteria1,[criteria_range2,criteria2],…)

参数说明：

max_range：必需，确定最大值的实际单元格区域。

criteria_range1：必需，一组用于条件计算的单元格。

criteria1：必需，用于确定哪些单元格是最大值的条件，格式为数字、表达式或文本。其他参数可选。

提示：max_range 和 criteria_rangeN 参数的大小与形状必须相同，否则这些函数会返回"#VALUE!"（错误）。

例：在 A1：C7 单元格中输入如图 1-44 所示的数据，求等级为"A"的分数最高者。

	A	B	C	D	E	F
1	姓名	分数	等级			
2	A1	87	B			
3	A2	93	A			
4	A3	81	B		95	
5	A4	95	A			
6	A5	91	A			
7	A6	88	B			
8						

E4 单元格公式：=MAXIFS(B2:B7,C2:C7,"A")

图 1-44

在 E4 单元格输入公式"=MAXIFS(B2：B7,C2：C7,"A")"，即找出最高分为 95。

13. MIN 函数

功能：返回一组值中的最小值。

语法：MIN(number1,[number2],...)

参数说明：number1,number2,...number1 是可选的，后续数字是可选的。要从中查找最小值的 1 到 255 个数字。

提示：

参数可以是数字或者是包含数字的名称、数组或引用。

逻辑值和直接键入参数列表中代表数字的文本被计算在内。

如果参数是一个数组或引用，则只使用其中的数字。数组或引用中的空白单元格、逻辑值或文本将被忽略。

如果参数不包含任何数字，则 MIN 返回 0。

如果参数为错误值或为不能转换为数字的文本，将会导致错误。

14. MINIFS 函数

功能：返回一组给定条件或标准指定的单元格之间的最小值。

语法：MINIFS(min_range,criteria_range1,criteria1,[criteria_range2,criteria2],...)

参数说明：

min_range：必需，确定最小值的实际单元格区域。

criteria_range1：必需，一组用于条件计算的单元格。

criteria1：必需，用于确定哪些单元格是最小值的条件，格式为数字、表达式或文本。其他参数可选。

提示：min_range 和 criteria_rangeN 参数的大小和形状必须相同，否则这些函数会返回"#VALUE!"(错误)。

实践训练一

一、数据快速录入

1. 建立工作簿,文件名为"实践训练一"。
2. 建立工作表,名称为"数据快速录入表"。
3. 数据快速录入。
（1）在 A 列输入 3,6,9……最后一个数小于 100。
（2）在 B 列输入 3,6,12……最后一个数小于 20 000。
（3）在 C 列输入 2017 年 6 月份所有的工作日。
（4）建立自定义序列："北京、上海、天津、重庆"。
（5）在 D 列按序列输入"北京、上海、天津、重庆",重复 3 次。
操作结果如图 1-45 所示。

	A	B	C	D
1	等差录入	等比录入	工作日录入	序列录入
2	3	3	2017/6/1	北京
3	6	6	2017/6/2	上海
4	9	12	2017/6/5	天津
5	12	24	2017/6/6	重庆
6	15	48	2017/6/7	北京
7	18	96	2017/6/8	上海
8	21	192	2017/6/9	天津

图 1-45

二、格式设置

1. 建立工作表,名称为"记账凭证表"。
2. 按图 1-46 格式建立表格。
3. 定义合计公式,要求无数据时不显示"0.00"。
4. 制单日期取当前日期。
5. 合计栏设置为"￥"格式。
6. 把"记账凭证表"存为 Excel 模板。

图 1-46

三、工作表设置

1. 对"数据快速录入表"进行打印设置。

（1）页面：设置为 A4 纸张,80%。

（2）页边距："上""下""左"和"右"均为 2。

（3）工作表：设置顶端打印标题"标题行"。

2. 设置工作簿文件"实践训练一"打开密码为"123456"。

3. 设置工作表与单元格的保护。

4. 练习窗口的拆分与冻结。

四、公式和函数

资料如图 1-47 所示。

	A	B	C	D	E
1	编号	部门	职称	实发工资	工资排名
2	001	管理部	高级	8633	7
3	002	销售部	初级	5673	9
4	003	生产部	中级	7178	8
5	004	生产部	中级	9166	4
6	005	销售部	高级	11046	3
7	006	销售部	中级	8705	6
8	007	管理部	中级	13575	2
9	008	销售部	中级	9166	4
10	009	管理部	高级	16647	1
11	010	生产部	初级	4620	10

图 1-47

1. 计算职称为高级的人员的工资总额。
2. 计算职称为中级的人员的平均工资。
3. 统计职称为高级的人员的人数。
4. 计算销售部人员实发工资总额。
5. 统计工资大于等于 6 000 的人员的人数。
6. 计算实发工资排名。

计算结果如图 1-48 所示。

G	H	I
题目要求	计算结果	计算公式
1.计算职称为高级的人员的工资总额。	36326	=SUMIF(C2:C11,"高级",D2:D11)
2.计算职称为中级的人员的平均工资。	9558	=AVERAGEIF(C2:C11,"中级",D2:D11)
3.统计职称为高级的人员的人数。	3	=COUNTIF(C2:C11,"高级")
4.计算销售部人员实发工资总额。	34590	=SUMIF(B2:B11,"销售部",D2:D11)
5.统计工资大于等于6000的人员的人数。	8	=COUNTIF(D2:D11,">=6000")
6.计算实发工资排名。	7	E2单元格=RANK(D2,$D$2:$D$11)

图 1-48

Excel 在人事档案管理中的应用

学习目的

分析人事档案管理中需要运用的数据,掌握工作表的建立、管理等操作,理解其中相关函数的功能应用,熟练掌握数据的快速录入、数据的提取、数据查询、数据统计以及动态图表的分析等内容,提升对工作表的综合运用能力。

任务一 人事档案的建立

一、相关函数应用

在企业办公管理中,人事档案管理是比较重要的一个部分。人事档案管理包括人事档案的建立、管理、查询、分类、统计、分析等内容,利用 Excel 来进行人事档案管理,可以极大提高日常管理效率。本章充分挖掘 Excel 在人事管理中的应用,把数据输入、数据验证、数据格式设置、图表分析和有关函数应用融入其中,以点带面,触类旁通,提高对 Excel 的应用能力。

1. 表格资料分析

职工档案表一般包括单位人员的基本信息,为了便于分析和理解,我们把职工档案表简化为如图 2-1 所示的内容。

	A	B	C	D	E	F	G	H	I	J
1	编号	姓名	性别	身份证号	出生日期	年龄	学历	职称	职务	部门
2	001	刘丹		302302197511140018						
3	002	王安		302302198401050072						
4	003	王浩		302302196802230016						
5	004	刘思宇		302302197606260072						
6	005	陈菲菲		302302196511140021						

图 2-1

为了提高数据录入效率,我们对上述表格资料作如下分析:
① "编号""身份证号"的输入单元格格式应设置为文本型。
② "性别""出生日期""年龄"可利用函数从"身份证号"中取得。
③ "学历""职称""职务""部门"可利用设置"数据"→"数据工具"→"数据验证"→"验证条件"→"序列"来实现。

2. 相关函数应用

（1）CONCATENATE 函数

功能：将两个或多个文本字符串连接为一个字符串。

语法：CONCATENATE(text1,[text2],…)

参数说明：

text1：必需，要连接的第一个项目。项目可以是文本值、数字或单元格引用。

text2：可选，要连接的其他文本项目。最多可以有 255 个项目，总共最多支持 8 192 个字符。

例：在单元格中输入公式"=CONCATENATE("财务","会计")"，结果为"财务会计"。

（2）LEFT 函数

功能：从文本字符串的第一个字符开始返回指定个数的字符。

语法：LEFT(text,[num_chars])

参数说明：

text：必需，包含要提取的字符的文本字符串。

num_chars：可选，指定要由 LEFT 提取的字符的数量。num_chars 必须大于或等于零。

提示：

如果 num_chars 大于文本长度，则 LEFT 返回全部文本。

如果省略 num_chars，则假定其值为 1。

例：在单元格中输入公式"=LEFT("ABCDEF",3)"，结果为"ABC"。

（3）RIGHT 函数

功能：根据所指定的字符数返回文本字符串中最后一个或多个字符。

语法：RIGHT(text,[num_chars])

参数说明：

text：必需，包含要提取字符的文本字符串。

num_chars：可选，指定希望 RIGHT 提取的字符数。

提示：

num_chars 必须大于或等于零。

如果 num_chars 大于文本长度，则 RIGHT 返回所有文本。

如果省略 num_chars，则假定其值为 1。

例：在单元格中输入公式"=RIGHT("ABCDEF",3)"，结果为"DEF"。

（4）INT 函数

功能：将数字向下舍入到最接近的整数。

语法：INT(number)

参数说明：number：必需，需要进行向下舍入取整的实数。

例：在单元格中输入公式"=INT(356.78)"，结果为"356"。

（5）ROUND 函数

功能：将数字四舍五入到指定的位数。

语法：ROUND(number,num_digits)

参数说明：

number：必需，要四舍五入的数字。

num_digits：必需，要进行四舍五入运算的位数。

提示：

如果 num_digits 大于 0，则将数字四舍五入到指定的小数位数。

如果 num_digits 等于 0，则将数字四舍五入到最接近的整数。

如果 num_digits 小于 0，则将数字四舍五入到小数点左边的相应位数。

若要始终进行向上舍入（远离 0），请使用 ROUNDUP 函数。

若要始终进行向下舍入（朝向 0），请使用 ROUNDDOWN 函数。

若要将某个数字四舍五入为指定的倍数（例如，四舍五入为最接近的 0.5 倍），请使用 MROUND 函数。

例：

在单元格中输入公式"=ROUND(1234.567,2)"，结果为"1234.57"。

在单元格中输入公式"=ROUND(1234.567,0)"，结果为"1235"。

在单元格中输入公式"=ROUND(1234.567,-3)"，结果为"1000"。

(6) MID 函数

功能：返回文本字符串中从指定位置开始的特定数目的字符，该数目由用户指定。

语法：MID(text,start_num,num_chars)

参数说明：

text：必需，包含要提取字符的文本字符串。

start_num：必需，文本中要提取的第一个字符的位置。文本中第一个字符的 start_num 为 1，以此类推。

num_chars：必需，指定希望 MID 从文本中返回字符的个数。

例：在单元格中输入公式"=MID("ABCDEF",3,2)"，结果为"CD"。

(7) MOD 函数

功能：返回两数相除的余数，结果的符号与除数相同。

语法：MOD(number,divisor)

参数说明：

numbe：必需，要计算余数的被除数。

divisor：必需，除数。

提示：如果 divisor 为 0，则 MOD 返回错误值"#DIV/0!"。

例：在单元格中输入公式"=MOD(3,2)"的结果是"1"。

(8) YEAR 函数

功能：返回对应于某个日期的年份。YEAR 作为 1 900~9 999 之间的整数返回。

语法：YEAR(Y3rial_number)

参数说明：Y3rial_number：必需，要查找的年份的日期。应使用 DATE 函数输入日期，或者将日期作为其他公式或函数的结果输入。例如，使用函数 DATE(2008,5,23)输入 2008 年 5 月 23 日。如果日期以文本形式输入，则会出现问题。

例：在单元格中输入公式"=YEAR(DATE(2017,5,1))"，结果是"2017"。

拓展：无论提供的日期值显示格式如何，YEAR、MONTH 和 DAY 函数返回的值都是公历值。例如，如果提供的日期显示格式是伊斯兰历，则 YEAR、MONTH 和 DAY 函数返回的值将是与对应的公历日期相关联的值。有关 MONTH 和 DAY 函数的用法，请自行查阅。

(9) TODAY 函数

功能：返回当前日期的序列号。序列号是 Excel 用于日期和时间计算的日期–时间代码。如果在输入该函数之前单元格格式为"常规"，Excel 会将单元格格式更改为"日期"。若要显示序列号，必须将单元格格式更改为"常规"或"数字"。

语法：TODAY( )

TODAY 函数语法没有参数。

提示：Excel 可将日期存储为可用于计算的连续序列号。默认情况下，1900 年 1 月 1 日的序列号为 1，2008 年 1 月 1 日的序列号为 39 448，这是因为它距 1900 年 1 月 1 日有 39 447 天。

例：如果知道某人出生于 1963 年，可在单元格中输入公式"=YEAR(TODAY( ))–1963"来计算其现在的年龄，计算结果为"54"。

二、文本型数字的输入

"人事档案表"中的"编号"和"身份证号"是由数字组成的字符型，在默认情况下，直接输入的话，"001"则显示"1"，而"302302197511140018"输入后也会以科学记数法显示"3.02302E+17"。有两种方法可以解决这个问题：

① 在输入单纯由数字组成的字符型的数字时，可以在前面加上一个单引号(')再输入，单元格类型变成了字符型。

② 选中"编号""身份证号"两列，打开"设置单元格格式"对话框，选中"数字"→"文本"，确定即可，如图 2-2 所示。

图 2-2

三、利用函数建立数据

通过分析可以看出,身份证号中隐藏着出生日期、性别等信息,下面结合上面所讲的函数以及数字文本的设置进行操作。

① "身份证号"中的第 17 位包含着性别信息,我们可以使用公式来取得。

单击 C2 单元格,在编辑栏输入公式 " = IF(MOD(MID(D2,17,1), 2) = 0,″女″,″男″)",确认,其他单元格可以双击填充柄,复制即可,如图 2-3 所示。

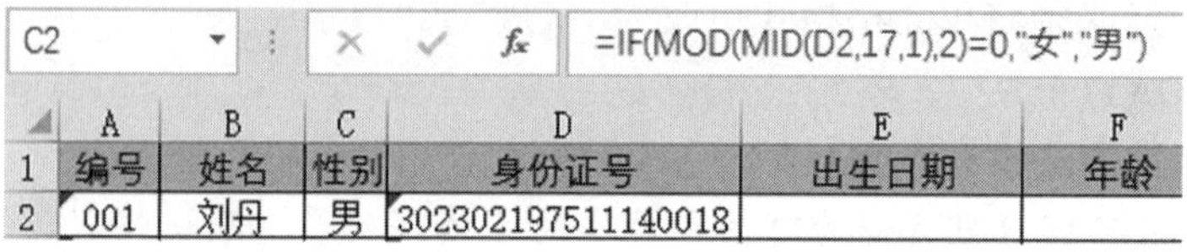

图 2-3

② "身份证号"中的第 7 到 14 位包含着出生日期信息,我们可以使用公式来取得。

单击 D2 单元格,在编辑栏输入公式 " = CONCATENATE(MID(D2,7,4),″-″,MID(D2,11,2),″-″,MID(D2,13,2))",确认,其他单元格可以双击填充柄,复制即可。

③ 根据出生日期,结合 YEAR 和 TODAY 函数,我们可以使用公式计算出年龄。

单击 F2 单元格,在编辑栏输入公式 " = YEAR(TODAY( )) - YEAR(E2)",确认,其他单元格可以双击填充柄,复制即可,如图 2-4 所示。

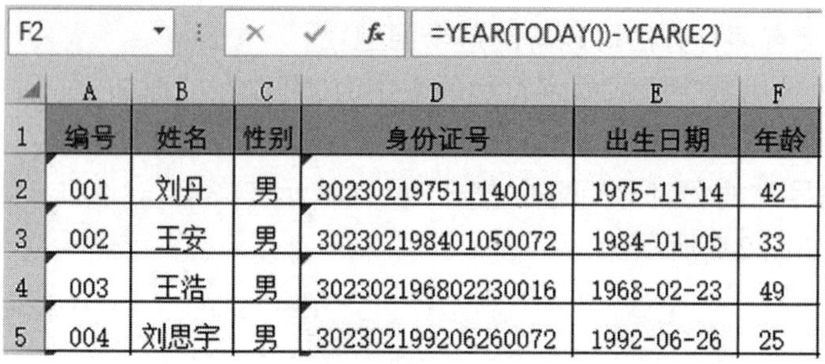

图 2-4

四、利用"数据验证"建立数据

通过分析可以看出,在人事档案中一些数据有固定的几个值,如"学历"中有"研究生""本科"等,我们可以把这些栏目中的数据固化为一个表,用创建下拉列表的方法来实现数据的快速录入。现在我们建立由"学历""职称""职务""部门"组成的数据验证表,如图 2-5 所示,利用"数据验证"实现对人事档案中相关项目的数据录入。

项目二　Excel 在人事档案管理中的应用

	A	B	C	D
1	数据验证表			
2	学历	职称	职务	部门
3	研究生	高级	经理	经理室
4	本科	中级	科长	人事部
5	大专	初级	科员	财务部
6	中专及以下	无	无	销售部
7				采购部
8				

图 2-5

1. 创建下拉列表

数据验证的最常见用法之一是创建下拉列表。现在我们就根据"人事档案表"和"数据验证表"创建下拉列表，步骤如下：

① 在"人事档案表"中选择"学历"这一列。

② 在"数据"选项卡的"数据工具"组中单击"数据验证"，打开"数据验证"对话框。

③ 在"数据验证"对话框中单击"设置"选项卡，选择"允许"下拉列表中的"序列"，如图 2-6 所示。

④ 选择"序列"后，可以在"来源"框中录入列表值，用逗号分隔，也可以选择建好的数据源，例如："=数据验证表!$A$3:$A$7"，单击"确定"即可，如图 2-7 所示。

图 2-6　　　　　　　　　　图 2-7

⑤ 利用上述方法，我们可以进行以下设置：

"职称"项目的来源为"=数据验证表!$B$3:$B$7"。

"职务"项目的来源为"=数据验证表!$C$3:$C$7"。

"部门"项目的来源为"=数据验证表!$D$3:$D$7"。

设置下拉列表后，我们单击这几个项目录入数据时，就可以看到下拉箭头，如学历是本科,在下拉列表中选取即可,有效地提高了数据的录入效率,如图 2-8 所示。

	A	B	C	D	E	F	G	H
1	编号	姓名	性别	身份证号	出生日期	年龄	学历	职称
2	001	刘丹	男	302302197511140018	1975-11-14	42	本科	
3	002	王安	男	302302198401050072	1984-01-05	33	研究生	
4	003	王浩	男	302302196802230016	1968-02-23	49	本科	
5	004	刘思宇	男	302302197606260072	1976-06-26	41	大专	
6	005	陈菲菲	女	302302196501140021	1965-01-14	52	中专及以下	
7	006	高欣悦	男	302302197702280011	1977-02-28	40		
8	007	赵秀丽	女	302302198510140027	1985-10-14	32		
9	008	蕾琪	男	302302198811190039	1988-11-19	29		

图 2-8

提示 1：如果下拉列表的条目列表在另一个工作表中,为防止其他用户进行更改,可以考虑隐藏和保护该工作表。

提示 2：如果要删除数据验证,只需选择包含要删除的验证的单元格,然后转到"数据"→"数据验证",并在"数据验证"对话框中按"全部清除"按钮,然后单击"确定"即可。

2. 数据验证的其他设置

在日常数据输入过程中,数据的多样化、多元化让数据的输入人员丝毫不得懈怠,例如身份证号由 18 位数字组成,假如工资数值在 2 000 元和 10 000 元区间,等等。我们怎么输入才能确保数据的正确性,提高正确率呢？

单击"数据"→"数据工具"→"数据验证"→"设置",可以看到如图 2-9 所示的对话框,验证条件中有"任何值""整数""小数""序列""日期""时间""文本长度""自定义"等选项,下面以身份证号为例进行操作:

① 选中"人事档案表"中的身份证号列,然后单击"数据"→"数据工具"→"数据验证"→"设置",在"允许"下拉列表中选择"文本长度",如图 2-9 所示。

（2）在"数据"下拉列表中选择"等于",在"长度"区域输入"18",如图 2-10 所示。

图 2-9

图 2-10

③ 若要在输入信息错误时提示出错警告，并停止输入，可以在"出错警告"选项卡的"错误信息"框内输入"您输入的身份证位数有误，请核对！"，单击"确定"，如图 2-11 所示。

图 2-11

④ 在"人事档案表"中，如果输入的身份证号位数不是 18，系统就会出现提示信息，如图 2-12 所示。

提示：数据验证，可以让用户的数据更加真实可靠，有效地提高数据输入的正确率。其他选项操作方法类似，用户可以根据需求设置。

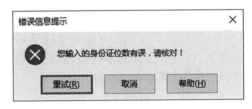

图 2-12

任务二 数据格式设置

一、单元格样式应用

精美的表格会给人带来好的视觉感受，如果感到设计的表格样式与标题文字不够协调，可以使用套用表格格式，再利用 Excel 2016 内置的单元格样式，快速地设计出精美的表格。

1. 打开单元格样式

选择"开始"选项卡中的"样式"组，单击"单元格样式"，打开单元格样式，如图 2-13 所示。

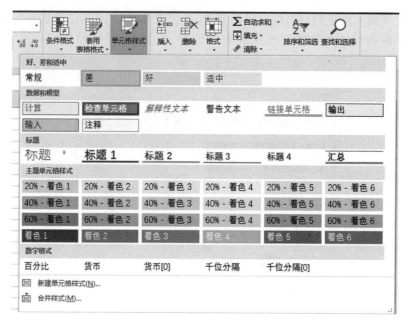

图 2-13

2. 醒目显示单元格及区域

选择表格相关单元格或区域,单击"差""好""适中"等可实现相关区域的醒目显示。

3. 标题字段

在数据表中应用专业的表格样式后,系统便会自动识别表格的标题字段,当向下滚动工作表,以查看后面的多行数据时,工作表原有的列表题(A,B,C 等)将自动被表格标题临时取代,从而使表格标题始终可见。

4. 主题单元格样式

可以根据喜好设置不同颜色的着色格式,使表格看起来更加美观。

5. 数字格式

可以更加快速地设定"百分比""货币""千位分隔"等数字格式。结合单元格样式可以轻松地对数据表的外观进行设置,有效提高工作效率。

二、条件格式设置

条件格式在 Excel 表格中十分有用,通过条件格式设置,可以更加直观地显示数据,使数据更加有表现力。

1. 突出显示单元格规则

条件格式中一个简单的功能是"突出显示单元格规则",让特殊的值以特殊颜色显示出来,便于区分。

下面我们把"人事档案表"中不同职称以不同的颜色显示出来,具体操作步骤如下:

① 选中"人事档案表"中的"职称"列,单击"开始"选项卡中"样式"组中的"条件格式"→"突出显示单元格规则",如图 2-14 所示。

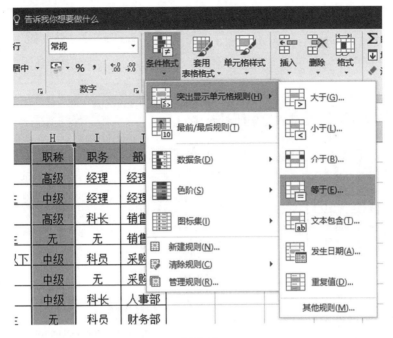

图 2-14

② 单击"等于"栏目,打开"等于"对话框,在文本框中输入"高级",设置为"浅红填充色深红色文本",如图 2-15 所示。也可以在下拉框内选择"自定义",自行设定单元格格式。

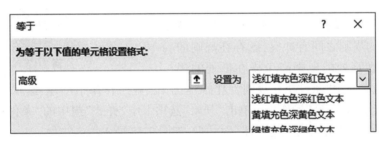

图 2-15

以同样的方法设置"职称"中的"中级""初级"等以不同的格式显示,这样就可以醒目显示不同内容,看起来更加直观。

2. 最前/最后规则

下面我们把"人事档案表"中年龄高于平均值的单元格以不同的颜色显示出来,具体操作步骤如下:

① 选中"人事档案表"中的"年龄"列,单击"开始"选项卡中"样式"组中的"条件格式"→"最前/最后规则",如图 2-16 所示。

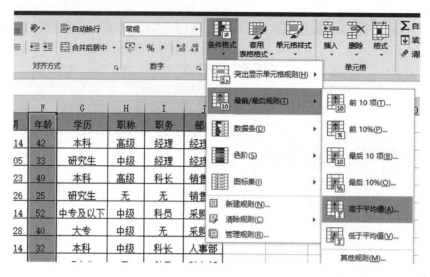

图 2-16

② 单击"高于平均值"栏目,打开"高于平均值"对话框,选择设置为"浅红填充色深红色文本",如图 2-17 所示。也可以在下拉框内选择"自定义",自行设定单元格格式。

这样"年龄"列中高于平均值的单元格就会以设定的颜色醒目显示出来。

3. 规则管理

当创建了多个条件格式规则的单元格区域时,如果设置的规则之间有冲突,就存在规则的优先级别,排在高处的规则高于排在低处的规

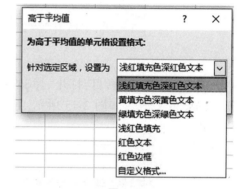

图 2-17

则。也可以通过使用"条件格式规则管理器"对话框,在工作簿中创建、编辑、删除和查看所有条件格式规则。具体操作为:单击"开始"选项卡中"样式"组中的"条件格式"→"管理规则",打开"条件格式规则管理器"对话框,如图 2-18 所示。

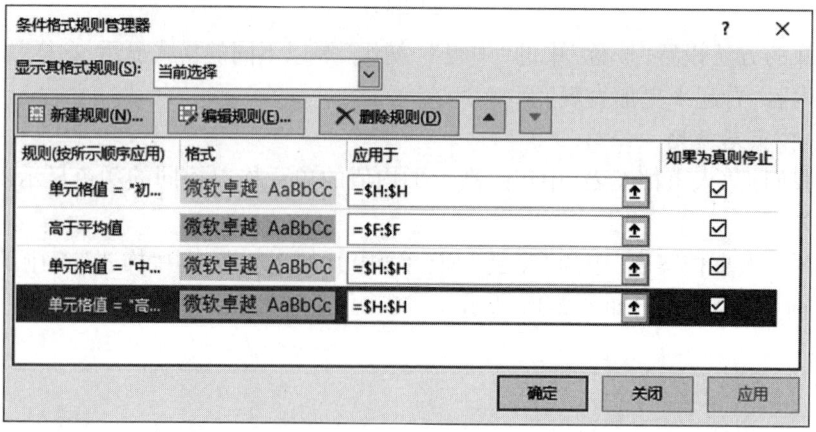

图 2-18

从图 2-18 可以看出，前面设置的条件格式规则都在规则管理器中，可以根据需要进行编辑、删除。同时，也可以新建规则。

任务三　数据分析

在工作中，我们会对数据信息进行统计分析，如职工的学历和职称统计、以图表显示统计信息等，下面分别加以介绍。

一、创建统计分析表

如果按部门统计学历情况，可以用函数来实现，下面以 COUNTIFS 函数为例，介绍多条件统计使用方法。

1. COUNTIFS 函数

功能：将条件应用于跨多个区域的单元格，然后统计满足所有条件的次数。

语法：COUNTIFS(criteria_range1, criteria1, [criteria_range2, criteria2], …)

参数说明：

criteria_range1：必需，在其中计算关联条件的第一个区域。

criteria1：必需，条件的形式为数字、表达式、单元格引用或文本，它定义了要计数的单元格范围。

criteria_range2, criteria2, …：可选，附加的区域及其关联条件。最多允许 127 个区域/条件对。

提示：每一个附加的区域都必须与参数 criteria_range1 具有相同的行数和列数。这些区域无须彼此相邻。

2. 实例介绍

下面就以"人事档案表"中的部门和学历为例，分析统计各个部门的学历情况，步骤如下：

① 建立一个工作表，命名为"学历分析表"，搭建表格框架，如图 2-19 所示。

② 单击 B3 单元格，在编辑栏输入公式"=COUNTIFS(人事档案表!$J$2:$J$21,学历分析表!$A3,人事档案表!$G$2:$G$21,学历分析表!B$2)"，如图 2-20 所示。

图 2-19

图 2-20

公式分析如下：

◆ "人事档案表!$J$2:$J$21"指引用的是"人事档案表"中"部门"J2:J21 区域。这里用的是绝对引用。

◆ "学历分析表!$A3"指引用的是"学历分析表"中"部门"列的"经理室"。这里用的是混合引用，为了下拉复制公式时 A 列不变，行数在变。

◆ "人事档案表!$G $2：$G $21"指引用的是"人事档案表"中"学历"G2：G21 区域。这里用的是绝对引用。

◆ "学历分析表!B $2"指引用的是"学历分析表"中第 2 行的"中专及以下"。这里用的是混合引用，为了右拉复制公式时第 2 行不变，而列在变。

③ 填充复制公式，得出统计结果，如图 2-21 所示。

	A	B	C	D	E
1			部门学历分析表		
2	部门	中专及以下	大专	本科	研究生
3	经理室	0	0	1	1
4	人事部	0	1	2	0
5	财务部	1	0	1	1
6	销售部	1	1	3	1
7	采购部	3	1	1	1

图 2-21

二、创建图表

图表用于以图形形式显示数值数据系列，使用户更容易理解大量数据以及不同数据系列之间的关系。

1. 图表的元素

图表中包含许多元素。默认情况下会显示其中一部分元素，而其他元素可以根据需要添加。可以通过将图表元素移到图表中的其他位置、调整图表元素的大小或更改格式来更改图表元素的显示，也可以删除不希望显示的图表元素。图表主要有以下元素：

① 图表的图表区域。
② 图表的绘图区。
③ 在图表中绘制的数据系列的数据点。
④ 横(分类)轴和纵(值)轴。数据沿着横坐标轴和纵坐标轴绘制在图表中。
⑤ 图表的图例。
⑥ 图表标题以及可以在该图表中使用的坐标轴标题。
⑦ 可以用来标识数据系列中数据点的详细信息的数据标签。

2. 图表类型

在 Excel 工作表中创建图表时，无论使用推荐的图表，还是从包含所有图表的列表中选择图表，都要尽可能多地了解每种图表类型的信息。Excel 提供的图表类型如图 2-22 所示。

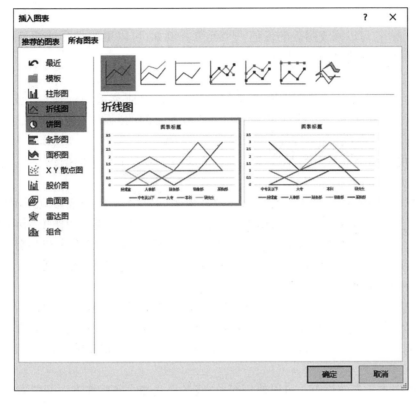

图 2-22

3. 创建和编辑图表

现在以"学历分析表"为例,介绍创建并编辑图表的步骤。

（1）创建图表

打开"人事档案表"中的"学历分析表",选择数据区域中的任意一个单元格。在"插入"选项卡的"图表"组中单击图表类型按钮,如这里单击"簇状柱形图"按钮,在打开的列表中选择需要使用的图表样式。此时,工作表中即可插入基于当前工作表数据的图表,如图 2-23 所示。

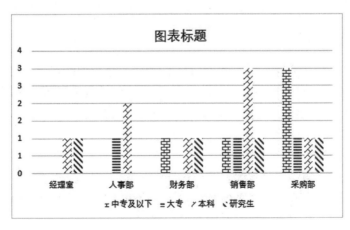

图 2-23

(2) 编辑图表

创建图表后,可以修改图表的任何一个元素。例如,可以更改坐标轴的显示方式、添加图表标题、移动或隐藏图例,或显示更多图表元素等。

① 修改图表。

◆ 更改图表坐标轴的显示。右击坐标轴区域,在快捷菜单中选择"设置坐标轴格式",可以指定坐标轴的刻度并调整显示的值或分类之间的间隔。为了使图表更易于阅读,还可以在坐标轴上添加刻度线,并指定其显示间隔。

◆ 向图表中添加标题和数据标签。为了帮助阐明图表中显示的信息,可以添加图表标题、坐标轴标题和数据标签。

◆ 添加图例或模拟运算表。可显示或隐藏图例、更改图例位置或修改图例项。在某些图表中,还可显示模拟运算表,该模拟运算表中显示图表中呈现的图例项标示和值。

◆ 针对每个图表类型应用特殊选项。特殊的折线(如高低点连线和趋势线)、柱线(如涨跌柱线和误差线)、数据标记以及其他选项均可用于不同的图表类型。

② 为图表添加醒目的格式。

除了应用预定义的图表样式外,还可以轻松地为各个图表元素(如数据标记、图表区、绘图区,以及标题和标签中的数字和文本)应用格式,从而使图表具有自定义的醒目外观。

◆ 填充图表元素。可以使用颜色、纹理、图片和渐变填充使特定的图表元素引人注目。

◆ 更改图表元素的轮廓。可以使用颜色、线条样式和线条粗细来强调图表元素。

◆ 为图表元素添加特殊效果。可以对图表元素形状应用特殊效果(如阴影、反射、发光、柔化边缘、棱台以及三维旋转),使图表具有精美的外观。

◆ 设置文本和数字的格式。可以为图表上的标题、标签以及文本框中的文本和数字设置格式,就像为工作表上的文本和数字设置格式一样。为了使文本和数字醒目,甚至可以应用艺术字体样式。

(3) 进一步优化图表

单击图表,此时菜单栏将显示"图表工具",在"设计"选项卡下,显示"图表布局""图表样式""数据""类型""位置"组,用户可以分别进行添加图表元素、更改图表样式、重新选择数据区域、更改图表类型等操作,进一步编辑图表,使之更符合用户需求。

三、创建动态图表

在企业的经营活动中,往往需要为每个部门建立大量相似的图表,如果在一张工作表中建立太多的图表,会显得很凌乱,可以用动态图表来解决这个问题。下面介绍一种使用 Index 函数和窗体控件制作动态图表的方法,用户也可以据此建立多种形式的动态图表。

1. 相关知识

(1) INDEX 函数

动态图表一般是用函数公式配合窗体控件来完成,下面先学习 INDEX 函数。

功能:返回数据区域表的值或对值的引用。INDEX 函数也可以在数组形式中使用,返回数组中指定单元格或单元格数组的数值。

语法:INDEX(array,row-num,column-num)

参数说明：

array：要返回值的单元格区域或数组。

row-num：返回值所在的行号。

column-num：返回值所在的列号。

例：如图 2-24 所示，在 B5 单元格中输入公式"=INDEX(A1:B4,3,2)"，结果显示"王安"。

图 2-24

（2）表单控件

工作表表单中含有控件。例如，列表框、选项按钮和命令按钮都是常用控件。通过运行 Visual Basic for Applications（VBA）代码，这些控件还可以运行指定宏和响应事件，例如鼠标点击。

表单控件适于在 XLM 宏工作表中使用。如果想在不使用 VBA 代码的情况下轻松引用单元格数据并与其进行交互，或者想在图表工作表中添加控件，则可使用表单控件。

① 表单控件种类。

◆ 标签，，用于标识单元格或文本框的用途，或显示说明性文本（如标题、题注、图片）或简要说明。

◆ 分组框，用于将相关控件划分到具有可选标签的矩形中的一个可视单元中。通常情况下，选项按钮、复选框或紧密相关的内容会划分到一组。

◆ 按钮，用于运行在用户单击它时执行相应操作的宏。按钮也称为下压按钮。

◆ 复选框，用于启用或禁用指示一个相反且明确的选项的值。可以选中工作表或分组框中的多个复选框。复选框可以具有以下三种状态之一：选中（启用）、清除（禁用）或混合（即同时具有启用状态和禁用状态，如多项选择）。

◆ 选项按钮，用于从一组有限的互斥选项中选择一个选项。选项按钮通常包含在分组框或结构中。选项按钮可以具有以下三种状态之一：选中（启用）、清除（禁用）或混合（即同时具有启用状态和禁用状态，如多项选择）。选项按钮也称为单选按钮。

◆ 列表框，用于显示用户可从中进行选择的、含有一个或多个文本项的列表。使用列表框可显示大量在编号或内容上有所不同的选项。列表框有以下三种类型：

a. 单选列表框只启用一个选项。在这种情况下，列表框与一组选项按钮类似，不过，列表框可以用更少的空间显示大量项目。

b. 多选列表框启用一个选项或多个相邻的选项。

c. 扩展选择列表框启用一个选项、多个相邻的选项和多个非相邻的选项。

◆ 组合框，结合文本框使用列表框可以创建下拉列表框。组合框比列表框更加紧凑，但需要用户单击向下箭头才能显示项目列表。使用组合框，用户可以键入条目，也可以从列表中只选择一个项目。该控件显示文本框中的当前值（无论值是如何输入的）。

◆ 滚动条, ,单击滚动箭头或拖动滚动框可以滚动浏览一系列值。另外,通过单击滚动框与任一滚动箭头之间的区域,可在每页值之间进行移动(预设的间隔)。通常情况下,用户还可以在关联单元格或文本框中直接键入文本值。

◆ 数值调节钮, ,用于增大或减小值,例如某个数字增量、时间或日期。若要增大值,请单击向上箭头;若要减小值,请单击向下箭头。通常情况下,用户还可以在关联单元格或文本框中直接键入文本值。

② 表单控件的打开

表单控件在"开发工具"选项卡中,不是常用的工具,默认情况下,窗口未显示。打开步骤如下:

◆ 单击"文件"选项卡中的"选项",打开"Excel 选项"窗口。

◆ 单击"自定义功能区",在"主选项卡"中勾选"开发工具",按"确定"退出后,主菜单区则显示"开发工具"选项卡,在该选项卡中单击"插入"即可以打开"表单控件",如图 2-25 所示。

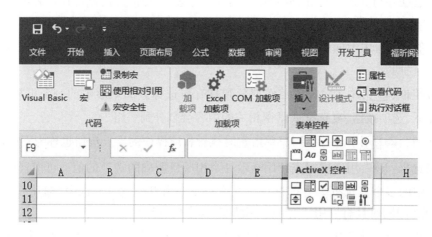

图 2-25

2. 制作动态图表操作步骤

(1) 添加辅表

打开"人事档案表"中的"学历分析表",并在表格下添加部门辅表,在 B10 单元格输入公式"=INDEX(B3:E3,B$9)"(注意:B$9 为混合引用,目的是向下复制公式),向下复制公式,如图 2-26 所示。

(2) 输入数据源区

在 G2 到 G5 单元格输入学历层次,作为数据源区。

单击数据源区下方 G7 单元格,单击"开发工具"→"插入"→"表单控件"→"组合框(窗体控件)",如图 2-27 所示。

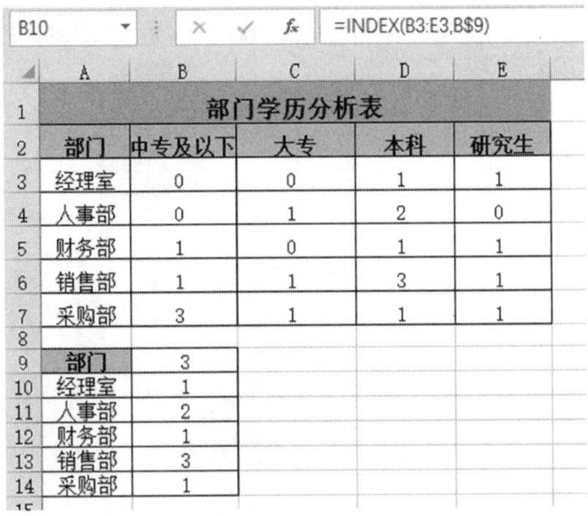

图 2-26 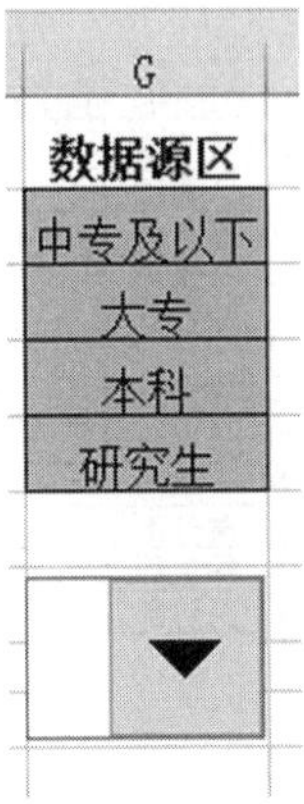　　　　　　　　　图 2-27

（3）设置控件

右击"组合框控件"，打开"设置控件格式"对话框，在"数据源区域"选择"\$G\$2：\$G\$5"，在"单元格链接"框内选择"\$B\$9"，其他设置如图 2-28 所示。设置完成后按"确定"关闭。

图 2-28

（4）建立动态图表

选择 A9 到 B14 区域，插入图表，这里选择图表类型为饼图。建立好图表后，做进一步修改，如添加标题、增加图例、设置背景等。移动控件到图表内合适位置，这样一个动态图表就建立完成。单击下拉按钮，选择不同的学历层次，图表就显示不同的效果。这里选择下拉按钮为"本科"，图表显示如图 2-29 所示。

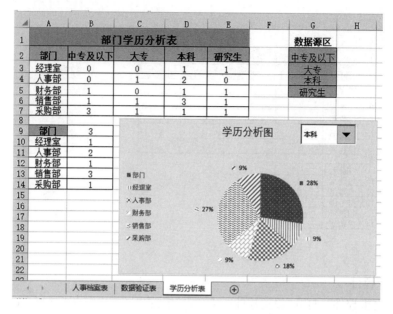

图 2-29

实践训练二

建立"实践训练二"工作簿,根据要求进行操作。
一、函数应用
1. 建立"日期函数练习表"工作表,根据图 2-30 给定的日期,利用相关函数求得如图 2-31 的结果。

日期	年	月	日	工作日期	星期
2017/6/1					
2017/6/2					
2017/6/3					
2017/6/4					
2017/6/5					
2017/6/6					
2017/6/7					

图 2-30

	A	B	C	D	E	F
1	日期	年	月	日	工作日期	星期
2	2017/6/1	2017	6	1	2017/6/1	4
3	2017/6/2	2017	6	2	2017/6/2	5
4	2017/6/3	2017	6	3	2017/6/3	6
5	2017/6/4	2017	6	4	2017/6/4	7
6	2017/6/5	2017	6	5	2017/6/5	1
7	2017/6/6	2017	6	6	2017/6/6	2
8	2017/6/7	2017	6	7	2017/6/7	3

图 2-31

2. 建立"字符函数练习表"工作表,根据图 2-32 给定的数据,利用相关函数求得如图 2-33 的结果。

订单号	省份	市区	订单号（前5位）	订单号（后4位）	订单号（中间2位）	连接省、市
ABcdEF001	江苏省	徐州				
ABcdEF002	江苏省	南京				
ABcdEF003	江苏省	无锡				
ABcdEF004	江苏省	苏州				
ABcdEF005	江苏省	连云港				
ABcdEF006	江苏省	镇江				
ABcdEF007	江苏省	徐州				
ABcdEF008	江苏省	南京				
ABcdEF009	江苏省	淮安				

图 2-32

	A	B	C	D	E	F	G
1	订单号	省份	市区	订单号（前5位）	订单号（后4位）	订单号（中间2位）	连接省、市
2	ABcdEF001	江苏省	徐州	ABcdE	F001	EF	江苏省徐州
3	ABcdEF002	江苏省	南京	ABcdE	F002	EF	江苏省南京
4	ABcdEF003	江苏省	无锡	ABcdE	F003	EF	江苏省无锡
5	ABcdEF004	江苏省	苏州	ABcdE	F004	EF	江苏省苏州
6	ABcdEF005	江苏省	连云港	ABcdE	F005	EF	江苏省连云港
7	ABcdEF006	江苏省	镇江	ABcdE	F006	EF	江苏省镇江
8	ABcdEF007	江苏省	徐州	ABcdE	F007	EF	江苏省徐州
9	ABcdEF008	江苏省	南京	ABcdE	F008	EF	江苏省南京
10	ABcdEF009	江苏省	淮安	ABcdE	F009	EF	江苏省淮安

图 2-33

二、数据验证的应用

1. 建立"会计科目表"工作表,如图 2-34 所示。建立"摘要库"工作表,如图 2-35 所示。复制"实践训练一"中的"记账凭证表"工作表。

	A	B
1	恒达公司会计科目表	
2	科目编号	科目名称
3	1000	资产类
4	1001	库存现金
5	1002	银行存款
6	1101	交易性金融资产
7	1121	应收票据
8	1122	应收账款
9	1123	预付账款
10	1221	其他应收款
11	1231	坏账准备
12	1401	材料采购
13	1403	原材料

图 2-34

	A
1	摘要库
2	提现
3	存现
4	交水电费
5	购买办公用品
6	出差借款
7	出差报销
8	计提工资
9	发放工资
10	购买原材料
11	销售商品

图 2-35

2. 用数字验证功能设置"记账凭证表"中"摘要"和"科目名称"栏为下拉列表，如图 2-36 所示。

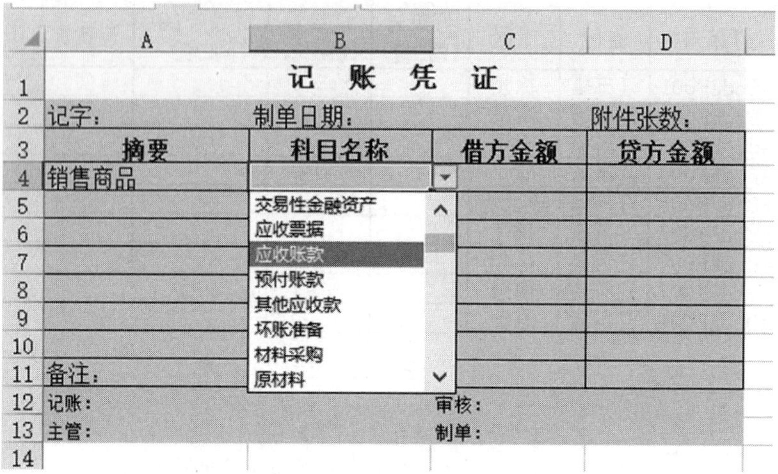

图 2-36

3. 设置"借方金额"和"贷方金额"栏中数字位数为两位小数。

4. 在备注栏中，设置判断条件，如果借方总计不等于贷方总计，提示"借贷不平,请检查"的信息。

5. 恒达公司 2017 年 6 月发生的部分经济业务如下，请根据记账凭证表模板做记账凭证：

（1）1 日，提现 1 000 元，备用。

借：库存现金　　　　　　　　　　　　　　　　　　　　　　　　1 000

　　贷：银行存款　　　　　　　　　　　　　　　　　　　　　　1 000

（2）2 日，购买原材料 220 000 元，款未付，材料已入库，假设不考虑增值税。

借：原材料　　　　　　　　　　　　　　　　　　　　　　　　220 000

　　贷：应付账款　　　　　　　　　　　　　　　　　　　　　220 000

（3）3 日，用银行存款支付厂部水电费 400 元。

借：管理费用　　　　　　　　　　　　　　　　　　　　　　　　400

　　贷：银行存款　　　　　　　　　　　　　　　　　　　　　　400

（4）22 日，生产产品已完工入库，成本 280 000 元。

借：库存商品　　　　　　　　　　　　　　　　　　　　　　　280 000

　　贷：生产成本　　　　　　　　　　　　　　　　　　　　　280 000

（5）25 日，销售公司产品，售价 360 000 元，货款已收，假设不考虑增值税。

借：银行存款　　　　　　　　　　　　　　　　　　　　　　　360 000

　　贷：主营业务收入　　　　　　　　　　　　　　　　　　　360 000

（6）30 日，结转销售产品成本 280 000 元。

借：主营业务成本　　　　　　　　　　　　　　　　　　　　　280 000

　　贷：库存商品　　　　　　　　　　　　　　　　　　　　　280 000

三、设置单元格格式

1. 把"日期函数练习表"设计成自己喜欢的样式。

2. 在"日期函数练习表"中,按照条件格式设置工作日以绿色显示。

3. 在"字符函数练习表"中,按照条件格式设置市区"南京"和"徐州"分别以红色和黄色显示。

四、动态图表

利用 INDEX 函数制作动态图表。

1. 建立"动态图表练习"工作表,如图 2-37 所示。

	A	B	C	D	E
1	恒达公司6月销售量统计表				
2	经销商	华北	华中	华南	华东
3	东方	235,000	258,500	144,250	265,550
4	大华	120,000	132,000	81,000	135,600
5	中图	356,000	391,600	210,800	402,280
6	利民	213,500	234,850	132,425	241,255
7	恒昌	125,000	137,500	83,750	141,250

图 2-37

2. 根据要求建立动态图表,结果如图 2-38 所示。

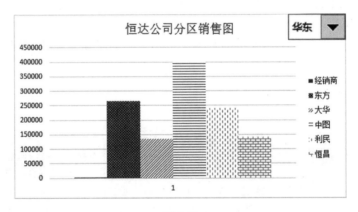

图 2-38

Excel 在薪资管理中的应用

学习目的

分析薪资管理中运用的数据,掌握数据的引用、计算、排序、筛选、分类汇总、数据透视表以及数据透视图等内容操作,以薪资管理表为引例,拓展应用,触类旁通。

任务一 薪资表的建立

一、相关数据分析计算

薪资是企业在一定时间内直接支付给员工的劳动报酬,是企业进行各种税费计提的基础。薪资管理也是企业管理的重要组成部分。本项目结合薪资管理,拓展 Excel 在数据处理上的应用,有效提高薪资管理工作效率。

1. 薪资明细表

薪资明细表一般包括单位人员的基本工资信息。为了便于分析和理解,我们把薪资明细表简化为以下内容,并根据计算得出结果,如图 3-1 所示。

图 3-1

① 应发工资:用 SUM 函数求得。
② 保险扣款:用公式"应发工资*15%"求得(假定保险扣款按基本工资和岗位津贴的 15% 扣除)。

③ 考勤扣款：引用职工考勤表中的“扣款合计”。

④ 个人所得税扣款：引用职工纳税表中的“应纳个人所得税”。

⑤ 实发工资：用公式“应发工资-考勤扣款-其他扣款-个人所得税扣款”求得。

2. 职工考勤表

假定企业相关制度规定：

病假扣款：病假大于等于 10 天，销售部扣 1 000 元，非销售部扣 900 元；病假小于 10 天，销售部扣 500 元，非销售部扣 400 元。

事假扣款：事假大于等于 7 天，扣基本工资的 50%；小于 7 天，按实际天数扣款（每月按 22 天计算）。

① 病假扣款：根据要求，用公式“=IF(E3=0,0,IF(E3>=10,IF(C3=“销售部”,1000,900),IF(C3=“销售部”,500,400)))”求得。

② 事假扣款：根据要求，用公式“=IF(F3=0,0,IF(F3>=7,D3*0.5,F3*D3/22))”求得。

③ 扣款合计：用 SUM 函数求病假扣款、事假扣款之和。

计算结果如图 3-2 所示。

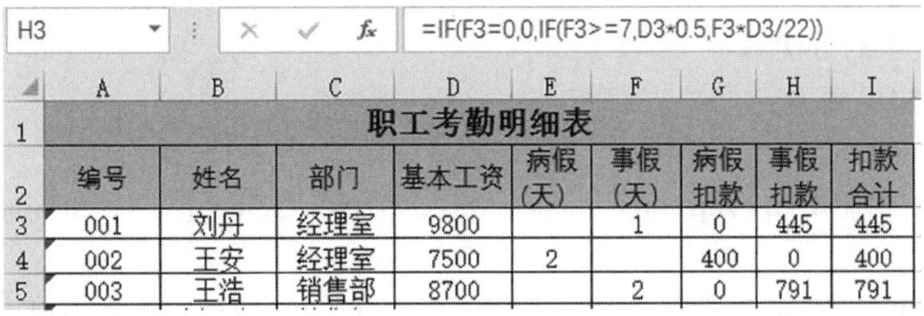
H3 =IF(F3=0,0,IF(F3>=7,D3*0.5,F3*D3/22))

职工考勤明细表								
编号	姓名	部门	基本工资	病假(天)	事假(天)	病假扣款	事假扣款	扣款合计
001	刘丹	经理室	9800		1	0	445	445
002	王安	经理室	7500	2		400	0	400
003	王浩	销售部	8700		2	0	791	791

图 3-2

3. 职工纳税表

个人所得税按个税起征点 3 500 元的模拟参考税率执行，见表 3-1。特别注意：该表仅用于 Excel 中 IF 语句实践，工作中涉及的个税还应以最新的个人所得税法为准。

表 3-1 个税税率模拟参考表

级数	全月应纳税所得额	税率(%)	速算扣除数
1	不超过 1 500 元的	3	0
2	超过 1 500 元至 4 500 元的部分	10	105
3	超过 4 500 元至 9 000 元的部分	20	555
4	超过 9 000 元至 35 000 元的部分	25	1 005
5	超过 35 000 元至 55 000 元的部分	30	2 755
6	超过 55 000 元至 80 000 元的部分	35	5 505
7	超过 80 000 元的部分	45	13 505

① 应纳税工资额：根据公式“=C3+D3-3500”求得。

② 应纳个人所得税：根据公式"=IF(E3<=1500,E3*0.03,IF(E3<=4500,E3*0.1-105,IF(E3<=9000,E3*0.2-555,IF(E3<=35000,E3*0.25-1005,IF(E3<=55000,E3*0.3-2755,IF(E3<=80000,E3*0.35-5505,E3*0.45-13505))))))"求得。

计算结果如图3-3所示。

	A	B	C	D	E	F
1	职工应纳个税明细表					
2	编号	姓名	基本工资	岗位津贴	应纳税工资额	应纳个人所得税
3	001	刘丹	9800	3000	9300	1320
4	002	王安	7500	3000	7000	845
5	003	王浩	8700	2500	7700	985

图 3-3

二、制作职工工资条

职工工资条便于职工了解工资项目及工资明细。这里我们介绍一种利用 VLOOKUP 函数制作工资条的方法。

1. VLOOKUP 函数

功能：是一个查找和引用函数，可以在表格或区域中按行查找内容。

语法：VLOOKUP(lookup_value,table_array,col_index_num,[range_lookup])

参数说明：

lookup_value：必需，需要在数据表首列进行查找的值，也被称为查阅值。

table_array：必需，查阅值所在的区域。注意：查阅值应该始终位于所在区域的第一列。

col_index_num：必需，区域中包含返回值的列号。例如，如果指定 B2：D11 作为区域，那么应该将 B 算作第一列，C 作为第二列，以此类推。

range_lookup：可选，逻辑值，如果需要返回值的近似匹配，可以指定 TRUE；如果需要返回值的精确匹配，则指定 FALY3。如果没有指定任何内容，默认值将始终为 TRUE 或近似匹配。

2. 制作工资条的步骤

① 建立"职工工资条"表，复制"薪资明细表"表头部分，并更改标题为"职工工资条"。

② 在"薪资明细表"中，选中 A2：J22 区域，定义名称为"工资条"，如图3-4 所示。

③ 在"职工工资条"中，在 A3 单元格中输入编号"001"，在 B3 单元格中输入公式"=VLOOKUP(A3,工资条,2,0)"，B3 单元格则显示"刘丹"。

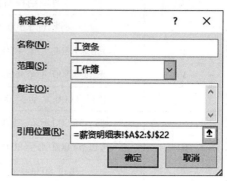

图 3-4

④ 选中 B3 填充柄向右复制公式,并依次修改首列号和所在列号。把 C3 单元格中公式改为"=VLOOKUP(A3,工资条,3,0)",D3 单元格中公式改为"=VLOOKUP(A3,工资条,4,0)",依次类推,J3 单元格中公式改为"=VLOOKUP(A3,工资条,10,0)"。结果如图 3-5 所示。

图 3-5

⑤ 选中 A1：J3 区域,按住填充柄,向下复制,就得出各位职工的工资条,如图 3-6 所示。

图 3-6

任务二　数据排序

对数据进行排序是数据分析不可缺少的组成部分,有助于快速直观地显示数据并更好地理解数据,从而有助于组织并查找所需数据,进而做出更有效的决策。

一、数据排序概述

当对工作表中的信息进行排序时,可以按自己需要的方式查看数据并快速查找值。可以对某个数据区域或数据表格在一个或多个数据列中的数据进行排序。例如,可以先按部门再按姓氏对员工进行排序。

1. 对文本、数字、日期类型的数据进行排序
① 在要排序的列中选择一个单元格。
② 在"数据"选项卡上的"排序和筛选"组中,执行下列操作之一:
若要按升序快速排序,则单击 。
若要按降序快速排序,则单击 。
2. 按多列或多行进行排序
当某些数据要按一列或一行中的相同值进行分组,然后对该组相等值中的另一列或另一行进行排序时,建议按多列或多行进行排序。例如,如果有一个"部门"列和一个"姓名"列,则可以先按部门进行排序(将同一个部门中的所有姓名组织在一起),然后按姓名排序(将每个部门内的所有姓名按字母顺序排列)。最多可以按 64 列进行排序。

提示:为了获得最佳结果,要排序的单元格区域应包含列标题。

我们以"薪资明细表"为例,按部门和基本工资排序。

① 打开工作簿"薪资管理表",选择"薪资明细表"数据区域内的任意单元格。

② 在"数据"选项卡的"排序和筛选"组中,单击"排序",如图 3-7 所示。

③ 在"排序"对话框中"列"下的"主要关键字"框中选择要排序的关键字,在"排序依据"框中选择"数值",在"次序"框中选择"升序"。单击"添加条件"按钮可以添加"次要关键字",依次进行设置,如图 3-8 所示。

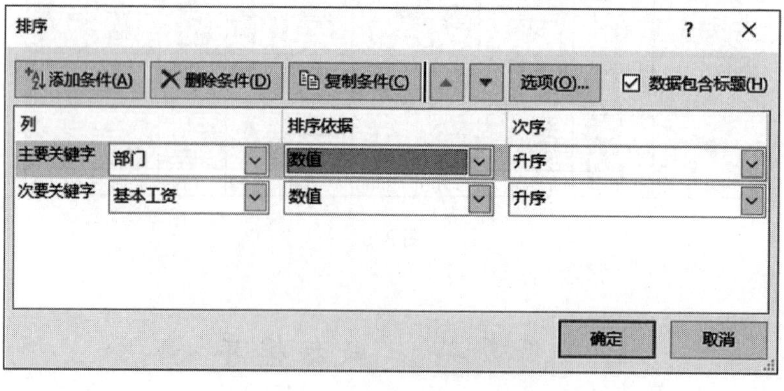

图 3-7

图 3-8

a. 在"排序依据"下,选择排序类型。执行下列操作之一:
◆ 若要按文本、数字或日期和时间进行排序,请选择"数值"。
◆ 若要按格式进行排序,请选择"单元格颜色"、"字体颜色"或"单元格图标"。
b. 在"次序"下,选择排序方式。执行下列操作之一:
◆ 对于文本值,选择"升序"或"降序"。
◆ 对于数值,选择"升序"或"降序"。

◆ 对于日期或时间值,选择"升序"或"降序"。
◆ 若要基于自定义序列进行排序,请选择"自定义序列"。
c. 若要添加作为排序依据的另一列,请单击"添加条件"。
d. 若要复制作为排序依据的列,请选择该条目,然后单击"复制条件"。
e. 若要删除作为排序依据的列,请选择该条目,然后单击"删除条件"。
提示:必须至少在列表中保留一个条目。
若要更改列的排序顺序,请选择一个条目,然后单击"选项"按钮旁的"向上"或"向下"箭头更改顺序。
f. 选择排序条件后,按"确定"按钮。排序结果如图3-9所示。

编号	姓名	部门	基本工资	岗位津贴	应发工资	考勤扣款	其他扣款	所得税扣款	实发工资
013	郑义	财务部	4600	2000	6600	2300	990	205	3105
008	黄琪	财务部	4900	2000	6900	400	1035	235	5230
018	孙雅静	财务部	8200	2500	10700	400	1605	885	7810
020	李博宇	采购部	4700	2000	6700	400	1005	215	5080
010	赵天琪	采购部	4900	2000	6900	223	1035	235	5407
006	高欣悦	采购部	6100	2000	8100	900	1215	365	5620

图 3-9

二、按特殊格式排序

在工作表中,为了醒目显示,一些数据可能设置了单元格颜色、字体颜色或单元格图标等格式,我们可以用这些格式来进行排序。

下面我们以"职工考勤表"为例,假设表中"事假(天)"列中大于或等天5天的单元格已经设置了"浅红填充深红文本",要求按这种格式进行排序,步骤如下:

① 打开"职工考勤表",选择"事假(天)"列中任一个单元格。
② 在"数据"选项卡的"排序和筛选"组中,单击"排序"。
③ 在"排序"对话框中"列"下的"主要关键字"框中,选择要排序的列"事假(天)"。
④ 在"排序依据"下,选择"单元格颜色"。
⑤ 在"次序"下,单击该按钮旁边的箭头,然后根据格式的类型,选择单元格颜色为浅红色。
⑥ 选择排序方式。执行下列操作之一:
◆ 若要将单元格颜色、字体颜色或图标移到顶部或左侧,对列进行排序,请选择"在顶端";对行进行排序,请选择"在左侧"。
◆ 若要将单元格颜色、字体颜色或图标移到底部或右侧,对列进行排序,请选择"在底端";对行进行排序,请选择"在右侧"。
提示:没有默认的单元格颜色、字体颜色或图标排序次序。用户必须为每个排序操作定义自己需要的顺序。

⑦ 选择"在顶端",按"确定"按钮,如图 3-10 所示。

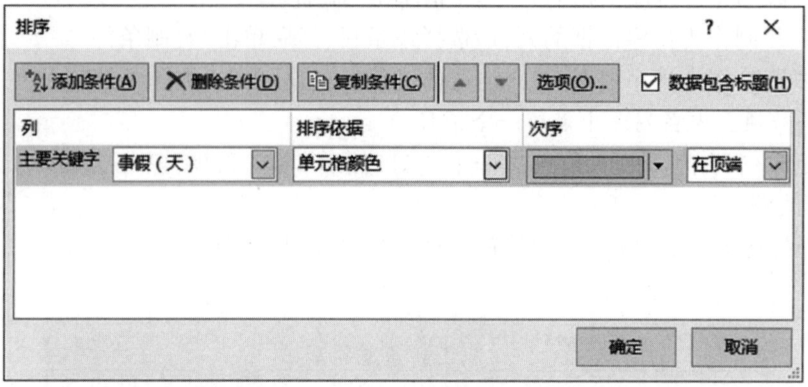

图 3-10

按上述条件进行排序后,结果如图 3-11 所示。

	A	B	C	D	E	F	G	H	I
2	编号	姓名	部门	基本工资	病假(天)	事假(天)	病假扣款	事假扣款	扣款合计
3	005	陈菲菲	采购部	6700		7	0	3350	3350
4	013	郑义	财务部	4600		8	0	2300	2300
5	001	刘丹	经理室	9800		1	0	445	445
6	002	王安	经理室	7500	2		400	0	400
7	003	王浩	销售部	8700		2	0	791	791

图 3-11

三、按自定义序列排序

除上述排序外,用户可以使用自定义列表的顺序进行排序。例如,"职称"列可能包含作为排序依据的值(如"高级""中级"和"初级")。如何排序才能使包含"高级"的行先显示,然后是"中级",最后是"无"? 如果按字母顺序排序,"升序"排序会按照"初级、高级、无、中级"排列,显然不符合要求。通过创建"自定义序列",可以解决这一问题。

下面以"人事档案表"中按"职称"降序排序为例,其操作步骤如下:

① 打开"人事档案表"工作表,选择"职称"列中任一个单元格。
② 在"数据"选项卡的"排序和筛选"组中,单击"排序"。
③ 在"排序"对话框中"列"下的"主要关键字"框中,选择要排序的列"职称"。
④ 在"排序依据"下,选择"数值"。
⑤ 在"次序"下,选择"自定义序列",如图 3-12 所示。

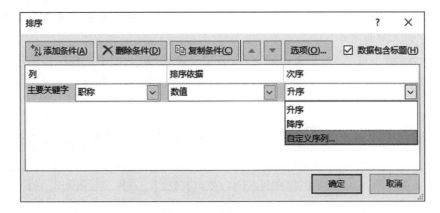

图 3-12

有两种方法添加自定义序列：

第一种，选择"自定义序列"后，打开"自定义序列"窗口，输入序列"高级、中级、初级、无"，单击"添加"按钮，则该序列被添加到自定义序列，如图 3-13 所示。

图 3-13

第二种，单击"文件"→"选项"→"高级"→"常规"→"编辑自定义序列"，然后在"自定义序列"对话框中的"从单元格导入序列"框中选择要导入的单元格区域，单击"导入"按钮，也可以添加自定义序列。

提示：只能基于值(文本、数字和日期或时间)创建自定义序列，而不能基于格式(单元格颜色、字体颜色或图标)创建自定义序列。自定义序列的最大长度为 255 个字符,并且第一个字符不得为数字。

⑥ 在"次序"下选择"自定义序列",在"自定义序列"对话框中选择所需的序列,单击"高级、中级、初级、无"。单击"确定"按钮后,排序结果如图 3-14 所示。

	A	B	C	D	E	F	G	H	I	J
1	编号	姓名	性别	身份证号	出生日期	年龄	学历	职称	职务	部门
2	001	刘丹	男	302302197511140018	1975-11-14	42	本科	高级	经理	经理室
3	003	王浩	男	302302196802230016	1968-02-23	49	本科	高级	科长	销售部
4	018	孙雅静	女	302302198209080021	1982-09-08	35	本科	高级	科长	财务部
5	002	王安	男	302302198401050072	1984-01-05	33	研究生	中级	经理	经理室
6	005	陈菲菲	女	302302196501140021	1965-01-14	52	中专及以下	中级	科员	采购部

图 3-14

任务三　筛　选

筛选就是根据用户要求将满足条件的数据记录通过筛选过滤出来,提高工作效率。使用该工具不容易发生遗漏,可以减少差错。筛选一般分为自动筛选和高级筛选。

一、自动筛选

1. 自动筛选的类型

使用自动筛选可以创建三种筛选类型:按列表值、按格式和按条件。对于每个单元格区域或列表来说,这三种筛选类型是互斥的。例如,不能既按单元格颜色又按数字列表进行筛选,只能在两者中任选其一;不能既按图标又按自定义筛选进行筛选,只能在两者中任选其一。

2. 以"职工考勤表"为例,自动筛选的操作步骤

① 打开"职工考勤表",选中数据表中任意一个单元格,单击"数据"→"筛选"命令,进入"自动筛选"状态,在每个标题右下显示一个下拉按钮,如图 3-15 所示。

编号	姓名	部门	基本工资	病假(天)	事假(天)	病假扣款	事假扣款	扣款合计
001	刘丹	经理室	9800		1	0	445	445
002	王安	经理室	7500	2		400	0	400
003	王浩	销售部	8700		2	0	791	791
004	刘思宇	销售部	7200	1		500	0	500

图 3-15

② 单击"事假(天)"标题字段右侧的下拉按钮,在弹出的快捷菜单中,选择"数字筛选"选项,如图 3-16 所示。

图 3-16

③ 在下一级菜单中,选择"大于或等于",打开"自定义自动筛选方式"对话框,如图 3-17 所示。

图 3-17

从图 3-17 中可以看到,对话框内可以选择不同的条件,上下两行的关系可以选"与"关系,也可以选"或"关系。

④ 在"大于或等于"文本框中输入"5",然后按"确定"按钮,筛选结果如图 3-18 所示。

职工考勤明细表								
编号	姓名	部门	基本工资	病假(天)	事假(天)	病假扣款	事假扣款	扣款合计
005	陈菲菲	采购部	6700		7	0	3350	3350
013	郑义	财务部	4600		8	0	2300	2300

图 3-18

3. 重新应用筛选

要确定是否应用了筛选,请注意列标题中的图标:

① 下拉箭头 ▼ 表示已启用但是未应用筛选。当在已启用但是未应用筛选的列的标题上悬停时,会显示一个"(全部显示)"的屏幕提示。

② 筛选按钮 ⧪ 表示已应用筛选。当在已筛选列的标题上悬停时,会显示一个关于应用于该列的筛选的屏幕提示,例如,在"事假(天)"处悬停时,会显示"大于或等于'5'"的屏幕提示。

③ 当重新应用筛选时,如果出现不同结果,原因如下:

- ◆ 已添加、修改或删除单元格中的数据。
- ◆ 筛选是动态的日期和时间筛选,如"今天""本周"或"本年度截止到现在"。
- ◆ 公式返回的值已改变,已重新计算工作表。

提示:不要混合存储格式。为获得最佳结果,不要混合使用存储格式,如文本、数字和日期等,因为每一列只可以用一种类型的筛选器命令。

如果已经应用了不同的单元格或字体颜色或条件格式,则可以按表中显示的颜色或图标进行筛选。这里就不再赘述。

二、高级筛选

如果筛选的数据需要复杂条件(例如,类型="农产品"OR 销售人员="李小明"),可以使用"高级筛选"对话框。下面以"薪资明细表"为例,详细说明高级筛选的操作及条件区域的定义规则。

1. 条件区域

条件区域是由标题和值所组成的区域,在高级筛选窗口中引用。

① 条件区域中,同一行不同列的关系是"AND"关系。如图 3-19 所示,含义为"部门='销售部'"AND"应发工资>9000"AND"实发工资>6000"。

部门	应发工资	实发工资
销售部	>9000	>6000

图 3-19

部门	应发工资	实发工资
销售部		
	>9000	
		>6000

图 3-20

② 条件区域中,不同行不同列的关系是"OR"关系。如图 3-20 所示,含义为"部门='销售部'"OR"应发工资>9000"OR"实发工资>6000"。

2. 操作步骤

① 打开"薪资明细表",单击数据表中的任一单元格,然后单击"数据"选项卡中"排序和筛选"组中的"高级"按钮,打开"高级筛选"对话框,如图 3-21 所示。

② 在"高级筛选"对话框中进行如下选择:

在"方式"下选择"在原有区域显示筛选结果",筛选后不符合条件的行则被隐藏；在“方式”下选择“将筛选结果复制到其他位置”，符合条件的行则被复制到指定的位置。

列表区域就是筛选的数据区域。

这里我们选择的条件区域如图 3-22 所示。

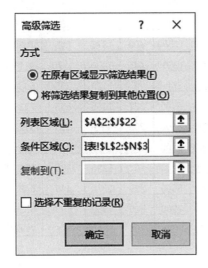

图 3-21

L	M	N
部门	应发工资	实发工资
销售部	>9000	>6000

图 3-22

③ 单击“确定”按钮，可以看到筛选结果，如图 3-23 所示。

	A	B	C	D	E	F	G	H	I	J
2	编号	姓名	部门	基本工资	岗位津贴	应发工资	考勤扣款	其他扣款	所得税扣款	实发工资
21	004	刘思宇	销售部	7200	2000	9200	500	1380	585	6735
22	003	王浩	销售部	8700	2500	11200	791	1680	985	7744
23										

图 3-23

假如上例中其他不变，只是改变条件区域，如图 3-24 所示，则筛选后的结果如图 3-25 所示。

部门	应发工资	实发工资
销售部		
	>9000	
		>6000

图 3-24

	A	B	C	D	E	F	G	H	I	J
2	编号	姓名	部门	基本工资	岗位津贴	应发工资	考勤扣款	其他扣款	所得税扣款	实发工资
5	018	孙雅静	财务部	8200	2500	10700	400	1605	885	7810
10	012	刘鸿	采购部	6700	2500	9200	400	1380	585	6835
11	015	王明明	采购部	6800	2000	8800	400	1320	505	6575
12	002	王安	经理室	7500	3000	10500	400	1575	845	7680
13	001	刘丹	经理室	9800	3000	12800	445	1920	1320	9115
15	016	钱媛	人事部	5500	2000	7500	0	1125	295	6080
16	007	赵秀丽	人事部	7200	2500	9700	327	1455	685	7233
17	019	杨晓君	销售部	4500	2000	6500	205	975	195	5125
18	011	李冠华	销售部	4700	2000	6700	1214	1005	215	4266
19	009	蔡怡帆	销售部	5700	2500	8200	0	1230	385	6585
20	014	张旭	销售部	6500	2000	8500	295	1275	445	6485
21	004	刘思宇	销售部	7200	2000	9200	500	1380	585	6735
22	003	王浩	销售部	8700	2500	11200	791	1680	985	7744
23										

图 3-25

任务四 分类汇总

分类汇总是 Excel 的一项重要功能，它能快速以某个字段为分类项，对数据列表中其他字段的数值进行统计计算。

一、单个字段分类汇总

下面以"薪资管理表"为例，介绍 Excel 表格中按"部门"进行分类汇总的操作方法。

① 启动 Excel 并打开"薪资管理表"工作簿，建立"工资分类汇总表"，数据内容分别从"人事档案表"和"薪资明细表"中引用过来。部分内容如图 3-26 所示。

② 选择"部门"进行升序排序。

③ 在工作表中选择任意一个单元格，在"数据"选项卡的"分级显示"组中单击"分类汇总"按钮，打开"分类汇总"对话框。在对话框的"分类字段"下拉列表中选择"部门"选项，在"汇总方式"下拉列表中选择"平均值"选项，在"选定汇总项"列表中勾选"实发工资"复选框，如图 3-27 所示。

④ 单击"确定"按钮关闭对话框，

	A	B	C	D	E	F
1	工资分类汇总表					
2	编号	姓名	职称	部门	应发工资	实发工资
3	001	刘丹	高级	经理室	12800	9115
4	002	王安	中级	经理室	10500	7680
5	003	王浩	高级	销售部	11200	7744
6	004	刘思宇	无	销售部	10700	7810
7	005	陈菲菲	中级	采购部	8700	3560
8	006	高欣悦	中级	采购部	8100	5620

图 3-26

Excel将以"部门"字段进行分类,对"实发工资"的值进行平均值汇总。部分内容如图3-28所示。

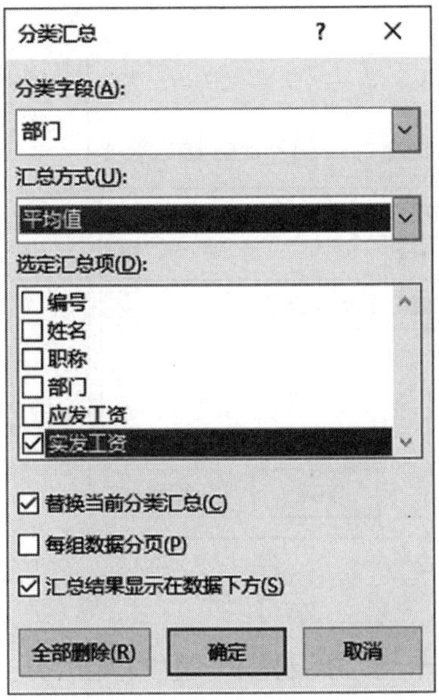

图3-27

图3-28

提示:单击图3-28中分类汇总的级别按钮(左上方的1、2、3),可显示不同级别的数据,如果不需要查看每个人的明细,只要查看每部门的汇总数,可以单击级别按钮中的"2",结果如图3-29所示。

图3-29

二、多个字段分类汇总

Excel也可以对数据进行多字段的分类汇总。例如,我们可以按"部门"和"职称"同时对实发工资求和。这要分两步,首先按"部门"进行分类汇总,在此基础上再按"职称"进行分类汇总。

下面以"薪资管理表"为例,介绍Excel表格中按"部门"和"职称"进行分类汇总的操作方法。

① 启动 Excel 并打开"薪资管理表"工作簿,选择"工资分类汇总表"。
② 选择"部门"和"职称"进行升序排序,如图 3-30 所示。

图 3-30

③ 在工作表中选择任意一个单元格,在"数据"选项卡的"分级显示"组中单击"分类汇总"按钮,打开"分类汇总"对话框。在对话框的"分类字段"下拉列表中选择"部门"选项,在"汇总方式"下拉列表中选择"求和"选项,在"选定汇总项"列表中勾选"实发工资"复选框,如图 3-31 所示。

④ 单击"确定"按钮关闭对话框,Excel 将以"部门"字段进行分类,对"实发工资"的值进行求和汇总。部分内容如图 3-32 所示。

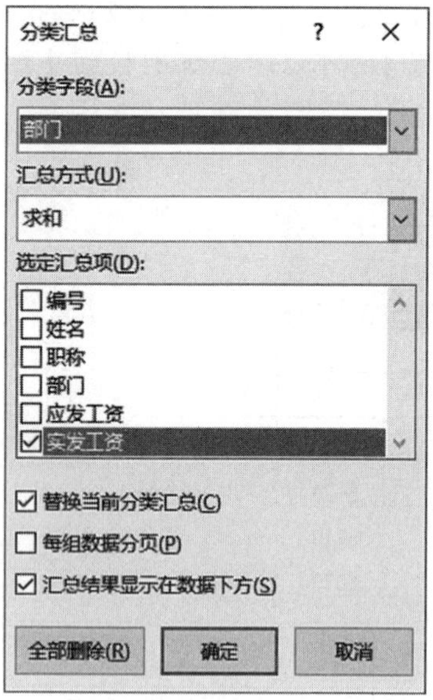

图 3-31   图 3-32

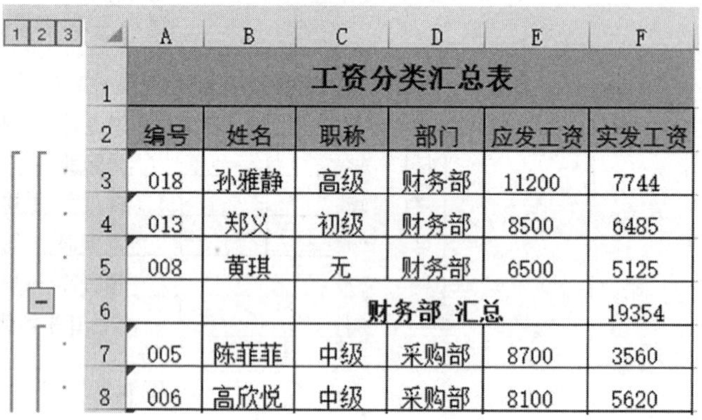

⑤ 选择汇总表中的任意一个单元格,再次打开"分类汇总"对话框,在"分类字段"下拉列表中选择"职称"选项,"汇总方式"选择"求和",取消"替换当前分类汇总",如图 3-33所示。

⑥ 单击"确定"按钮关闭对话框。部分结果如图 3-34 所示。

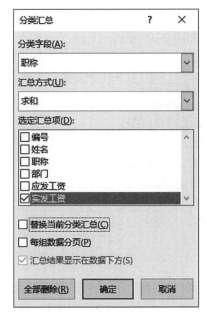

图 3-33　　　　　　　　　　　图 3-34

提示：如果想取消分类汇总，要先打开"分录汇总"对话框，然后单击"全部删除"按钮即可以删除当前的分类汇总。

任务五　数据透视表和数据透视图

利用数据透视表可以进行汇总、分析、浏览和呈现数据信息。数据透视图将可视化效果添加到数据透视表中，可以直观地查看、比较和分析，也就是说数据透视图是在数据透视表的基础上绘制的可视化图形。两者的主要区别是数据透视图比数据透视表更形象更直观。

一、数据透视表

数据透视表是一种交互式的表，可以进行求和、计数等一系列的计算，所进行的计算与数据在数据透视表中的排列有关。

用户可以动态地改变数据透视表的版面布置，以便按照不同方式分析数据，也可以重新安排行号、列标和页字段。每一次改变版面布置时，数据透视表会立即按照新的布置重新计算数据。另外，如果原始数据发生更改，则可以更新数据透视表。

下面以"薪资管理表"为例，介绍 Excel 表格中按"部门"和"学历"建立数据透视表以及分析"实发工资"平均值的操作方法。

① 启动 Excel 并打开"薪资管理表"工作簿,建立"工资数据透视表",数据内容分别从"人事档案表"和"薪资明细表"中引用过来。部分内容如图 3-35 所示。

	A	B	C	D	E	F
1	工资数据透视表					
2	编号	姓名	学历	部门	应发工资	实发工资
3	001	刘丹	本科	经理室	12800	9115
4	002	王安	研究生	经理室	10500	7680
5	003	王浩	本科	销售部	11200	7744
6	004	刘思宇	研究生	销售部	9200	6735
7	005	陈菲菲	中专及以下	采购部	8700	3560

图 3-35

② 在工作表中选择任意一个单元格,在"插入"选项卡的"表格"组中单击"数据透视表"按钮,打开"创建数据透视表"对话框。在对话框的"选择一个表或区域"中选择 A2:F22 区域,在"选择放置数据透视表的位置"中选择"现有工作表"的 H2 位置,如图 3-36 所示。

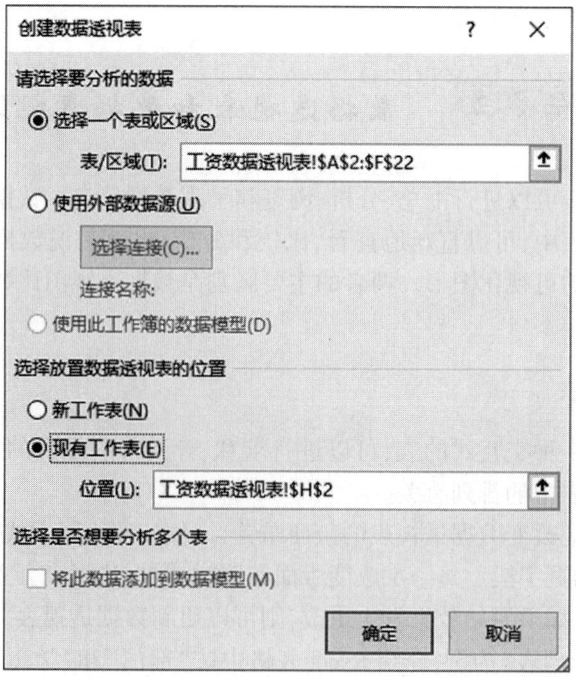

图 3-36

③ 单击"确定"按钮关闭对话框,同时进入数据透视表字段设置步骤,如图 3-37 所示。

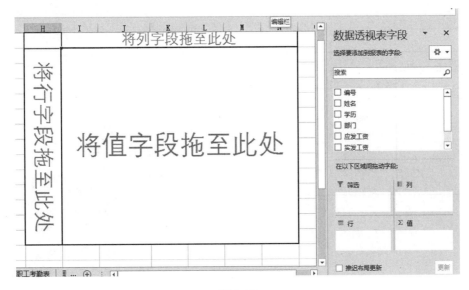

图 3-37

④ 在图 3-37 中,把"部门"字段拖到行字段处,把"学历"字段拖到列字段处,把"实发工资"字段拖到值字段处。系统默认的是求和,单击右下角的"值"打开"值字段设置"对话框,在"计算类型"列表中选择"平均值",如图 3-38 所示。

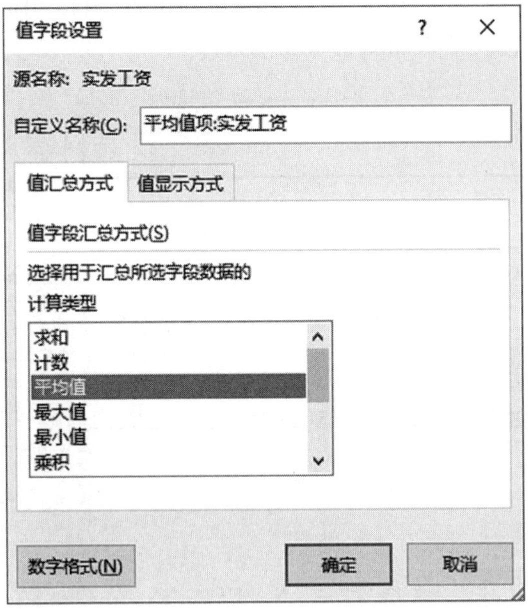

图 3-38

⑤ 单击"确定"按钮关闭"值字段设置"对话框,数据透视表建立完成,设置数值区域,保留两位小数,结果如图 3-39 所示。

图 3-39

⑥ 数据透视表建立后,如果想进行改变,可以通过拖动字段、修改"值字段设置"等来实现。例如,我们把"部门"和"学历"字段互换行列位置,修改"值字段设置"为对"实发工资"求和,即可达到目的,结果如图 3-40 所示。

图 3-40

二、数据透视图

数据透视图是与之相关联的数据透视表中数据的图形表示形式。与数据透视表一样,数据透视图报告也是交互式的。创建数据透视图时,数据透视图筛选将显示在图表区中,以便于对数据透视图报表的基本数据进行排序和筛选。

与标准图表一样,数据透视图显示数据系列、类别、数据标记和坐标轴,可以更改图表类型及其他选项,如标题、图例位置、数据标签和图表位置。

下面以"薪资管理表"为例,介绍 Excel 表格中按"部门"和"职称"建立数据透视图以及分析"实发工资"平均值的操作方法。

① 启动 Excel 并打开"薪资管理表"工作簿,建立"工资数据透视图",数据内容分别从"人事档案表"和"薪资明细表"中引用过来。部分内容如图 3-41 所示。

	A	B	C	D	E	F
1			工资数据透视图			
2	编号	姓名	职称	部门	应发工资	实发工资
3	001	刘丹	高级	经理室	12800	9115
4	002	王安	中级	经理室	10500	7680
5	003	王浩	高级	销售部	11200	7744
6	004	刘思宇	无	销售部	9200	6735
7	005	陈菲菲	中级	采购部	8700	3560

图 3-41

② 在工作表中选择任意一个单元格,在"插入"选项卡的"图表"组中单击"数据透视图"按钮,打开"创建数据透视图"对话框。在对话框的"选择一个表或区域"中选择 A2:F22 区域,在"选择放置数据透视图的位置"中选择"现有工作表"的 H2 位置,如图 3-42 所示。

③ 单击"确定"按钮关闭对话框,同时进入数据透视表字段设置步骤,如图 3-43 所示。

④ 在图 3-43 中,把"部门"字段拖到"轴(类别)"处,把"职称"字段拖到"图例(系列)"处,把"实发工资"字段拖到"值"字段处。系统默认的是求和,单击右下角的"值"打开"值字段设置"对话框,在"计算类型"列表中选择"平均值",如图 3-44 所示。

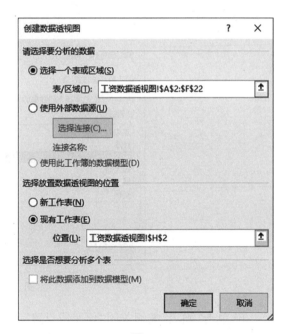

图 3-42

Excel 在财务中的应用(第二版)

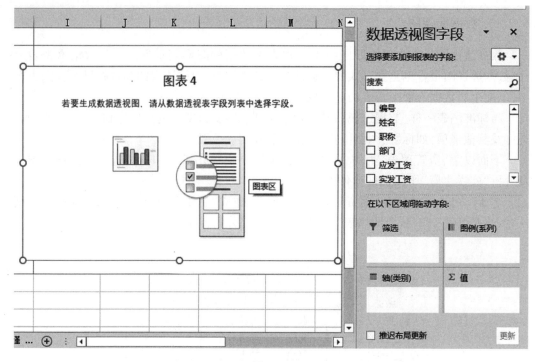

图 3-43

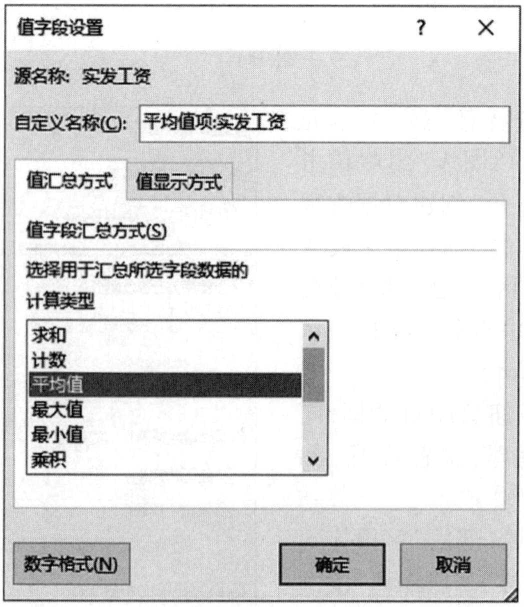

图 3-44

⑤ 单击"确定"按钮关闭"值字段设置"对话框,数据透视图建立完成,结果如图 3-45 所示。从图中可以看出,与之相对应的数据透视表也建立完成。

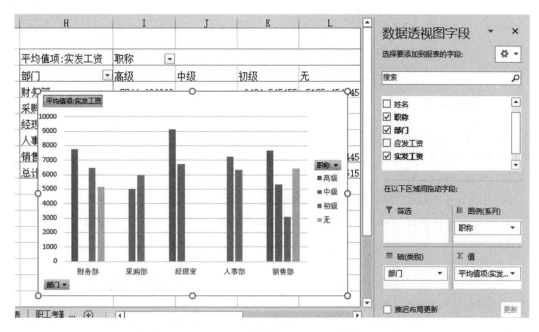

图 3-45

⑥ 数据透视图建立后，如果想进行改变，可以通过拖动字段、修改"值字段设置"等来实现。也可以和标准图一样，修改类型、设置图例、坐标轴等内容。例如，我们把"部门"和"学历"字段互换位置，修改"值字段设置"为对"实发工资"求和，修改图表类型为面积图，结果如图 3-46 所示。

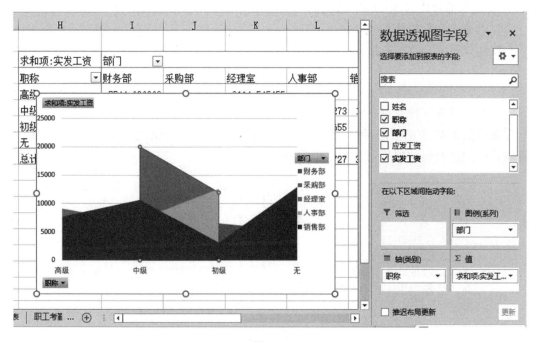

图 3-46

任务六 数据分列

一、数据分列

Excel 有一个比较实用的功能就是分列,使用分列功能可以快速地分隔一些文本,还可以转换一些数据的格式。

1. 数据分列的作用

使用 Excel 的数据分列功能能够快速地将同一列的多个数据按照一定规则进行有效拆分,即将一列数据拆分成多列数据,并且可以删除部分数据,或是有效处理单元格中错误的输入。

2. 数据分列的方式

Excel 数据分列可以按分隔符进行分列,分隔符可以是【Tab】键、分号、逗号、空格、横杠、字符、文字等;也可以按固定的宽度进行分列。

在数据分列之前,首先要注意分析表格中数据分列的位置是否都是固定的,如果数据比较规律,分列宽度都相同,可采用固定宽度分列,否则就要观察数据分列处有没有共同的符号作为分隔符号。

3. 数据分列后的位置

① 原列进行分列。
② 更换目标位置,保留原有的数据。
③ 提取部分数据,删除部分数据。

4. 数据分列后的格式

数据分列后的格式主要有常规、日期、文本等。

二、数据分列的应用

1. 按分隔符进行分列

观察图 3-47 中的数据,每一个要分列的数据之间都有一个逗号,所以我们可以采用分隔符(逗号)进行数据分列。操作步骤如下:

	A	B	C	D	E
1		姓名	性别	出生日期	工资
2	AA,男,1980-11-11,9800				
3	BB,男,1978-10-1,12600				
4	CC,女,1990-9-7,9800				
5	DD,男,1986-10-1,13800				
6	EE,女,1992-11-6,9880				

图 3-47

① 选择包含要拆分的文本的单元格或列,这里选择 A2:A6 单元格区域。

② 选择"数据"菜单,单击上方"分列"选项,打开"分列"向导第一步,选择"分隔符号"按钮,如图 3-48 所示。

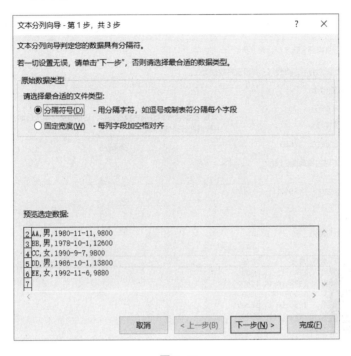

图 3-48

③ 单击"下一步"按钮,打开"分列"向导第二步,勾选"分隔符号"选项中的"逗号"复选框,如图 3-49 所示。

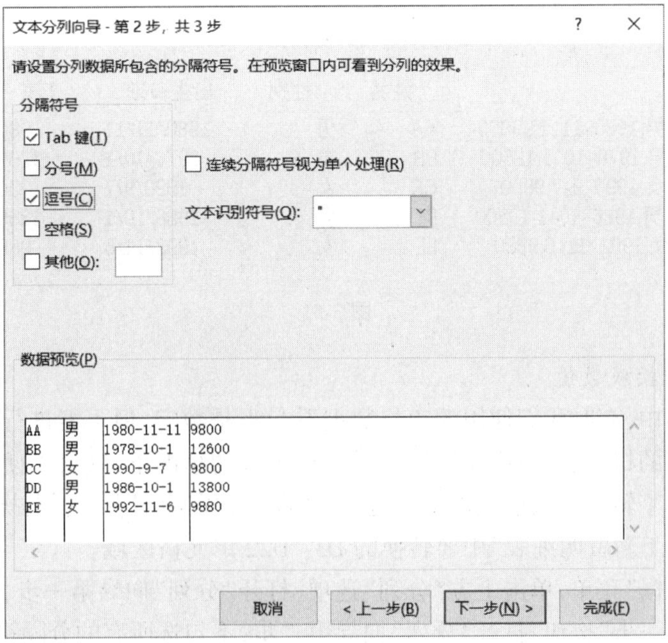

图 3-49

④ 单击“下一步”按钮,打开“分列”向导第三步,在“目标区域”框中单击 B2 单元格,或输入“=$B $2”,然后单击“完成”按钮,如图 3-50 所示,即可完成分列,分列后的结果如图 3-51 所示。

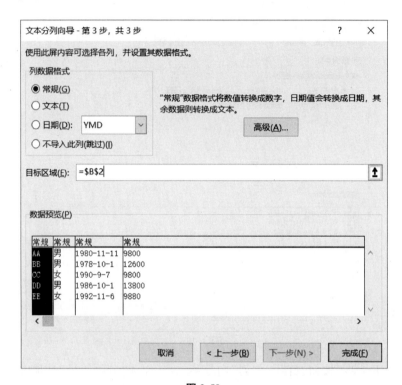

图 3-50

	A	B	C	D	E
1		姓名	性别	出生日期	工资
2	AA,男,1980-11-11,9800	AA	男	1980/11/11	9800
3	BB,男,1978-10-1,12600	BB	男	1978/10/1	12600
4	CC,女,1990-9-7,9800	CC	女	1990/9/7	9800
5	DD,男,1986-10-1,13800	DD	男	1986/10/1	13800
6	EE,女,1992-11-6,9880	EE	女	1992/11/6	9880

图 3-51

2. 将文本转换成数值

在实际应用中,有时我们使用的表格数据看起来是数字,但不能进行算术运算,就要想到是不是数字的格式有问题,在用格式设置也无效的情况下,就可以使用分列功能,以实现将文本型数字转换成数值型数字。这里以“职工薪资明细表”为例,操作步骤如下:

① 选择“职工薪资明细表”中要转换的 D3:D22 单元格区域。

② 选择“数据”菜单,单击上方“分列”选项,打开“分列”向导第一步,默认选项。

③ 单击“下一步”按钮,打开“分列”向导第二步,不勾选所有的分隔符号。

④ 单击“下一步”按钮,打开“分列”向导第三步,列数据格式选“常规”,然后单击“完

成"按钮,即可实现将文本型数字转变为数值型数字。

3. 处理不规范日期

使用分列功能还可以将不规范的日期进行规范。

数据如图 3-52 所示。操作步骤如下:

① 选择表中 B 列单元格区域。

② 选择"数据"菜单,单击上方"分列"选项,打开"分列"向导第一步,默认选项。

③ 单击"下一步"按钮,打开"分列"向导第二步,不勾选所有的分隔符号。

④ 单击"下一步"按钮,打开"分列"向导第三步,列数据格式选"日期",然后单击"完成"按钮,即可使日期型数据规范为同一日期格式,结果如图 3-53 所示。

	A	B
1	单位名称	付款日期
2	A1	2023/12/3
3	A2	2023.7.12
4	A3	2023/5/19
5	A4	2023.5.7
6	A5	2023.4.18

图 3-52

	A	B
1	单位名称	付款日期
2	A1	2023/12/3
3	A2	2023/7/12
4	A3	2023/5/19
5	A4	2023/5/7
6	A5	2023/4/18

图 3-53

4. 提取身份证号中的出生日期

使用分列功能还可以提取身份证号中的出生日期。

数据如图 3-54 所示。操作步骤如下:

	A	B	C
1	姓名	身份证号	出生日期
2	A1	320301197802120132	
3	A2	120301199102120127	
4	A3	330301198802120145	
5	A4	163301199908120189	
6	A5	320301198809120123	

图 3-54

① 选择表中 B2:B6 单元格区域。

② 选择"数据"菜单,单击上方"分列"选项,打开"分列"向导第一步,选择"固定宽度"按钮。

③ 单击"下一步"按钮,打开"分列"向导第二步,设置分列线,在身份证号的日期前后分别单击鼠标,建立分列线,如图 3-55 所示。

图 3-55

④ 单击"下一步"按钮,打开"分列"向导第三步,单击最左列,选择"不导入此列(跳过)"按钮,接着单击日期列,选择"日期"按钮,然后单击最右列,选择"不导入此列(跳过)"按钮,接下来在"目标区域"框中单击 C2 单元格,或输入"=$C$2",如图 3-56 所示。

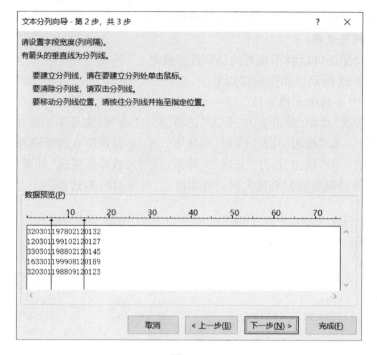

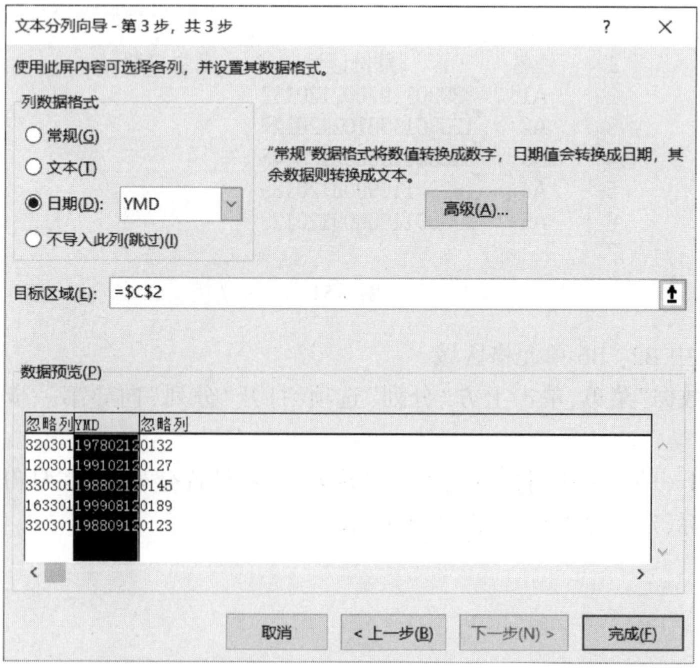

图 3-56

⑤ 然后单击"完成"按钮,即可实现对出生日期数据的提取,如图3-57所示。

	A	B	C
1	姓名	身份证号	出生日期
2	A1	320301197802120132	1978/2/12
3	A2	120301199102120127	1991/2/12
4	A3	330301198802120145	1988/2/12
5	A4	163301199908120189	1999/8/12
6	A5	320301198809120123	1988/9/12

图 3-57

实践训练三

一、数据排序

1. 建立"日记账练习"工作表,内容如图3-58所示。
2. 利用条件格式设置"银行存款"为浅红色。
3. 根据"科目名称"升序排序。
4. 根据"科目名称"单元格颜色进行排序。

	A	B	C	D	E	F
1				日记账		
2	单位:恒达公司		时间:2017年7月10日			单位:元
3	凭证编号	摘要	科目代码	科目名称	借方金额	贷方金额
4	201706001	取现	1002	银行存款		800.00
5	201706001	取现	1001	库存现金	800.00	
6	201706002	采购材料	1401	银行存款		100,000.00
7	201706002	采购材料	1002	在途物资	100,000.00	
8	201706003	验收材料	1401	原材料	100,000.00	
9	201706003	验收材料	1403	在途物资		100,000.00
10	201706004	支付货款	2202	银行存款		20,000.00
11	201706004	支付货款	1002	应付账款	20,000.00	
12	201706005	接受投资	1601	固定资产	900,000.00	
13	201706005	接受投资	4001	实收资本		900,000.00
14	201706006	收欠款	1002	银行存款	800,000.00	
15	201706006	收欠款	1122	应收账款		800,000.00
16	201706007	水电费	6602	银行存款		2,000.00
17	201706007	水电费	1002	管理费用	2,000.00	
18	201706008	销售产品	1122	应收账款	670,000.00	
19	201706008	销售产品	6001	主营业务收入		670,000.00

图 3-58

二、数据分类汇总

1. 复制"日记账练习"工作表,并把工作表改名为"科目汇总表练习"。
2. 按"科目名称"进行排序。
3. 按"科目名称"进行分类汇总,如图 3-59 所示。

	D	E	F
1		科目汇总表	
2	:2017年7月10日		单位:元
3	科目名称	借方金额	贷方金额
5	固定资产 汇总	900,000.00	-
7	管理费用 汇总	2,000.00	-
9	库存现金 汇总	800.00	-
11	实收资本 汇总	-	900,000.00
17	银行存款 汇总	800,000.00	122,800.00
19	应付账款 汇总	20,000.00	-
22	应收账款 汇总	670,000.00	800,000.00
24	原材料 汇总	100,000.00	-
27	在途物资 汇总	100,000.00	100,000.00
29	主营业务收入 汇	-	670,000.00
30	总计	2,592,800.00	2,592,800.00

图 3-59

三、数据透视表

1. 复制"日记账练习"工作表,并把工作表改名为"总分类账练习"。
2. 按"科目名称"建立数据透视表,如图 3-60 所示。

	A	B	C
1		总分类账	
2		数据	
3	科目名称	求和项:借方金额	求和项:贷方金额
4	固定资产	900000	
5	管理费用	2000	
6	库存现金	800	
7	实收资本		900000
8	银行存款	800000	122800
9	应付账款	20000	
10	应收账款	670000	800000
11	原材料	100000	
12	在途物资	100000	100000
13	主营业务收入		670000
14	总计	2592800	2592800

图 3-60

四、函数应用

1. 利用 IF 函数,根据评价标准,判断业绩评价结果。资料如图 3-61 所示。

	A	B	C	D	E
1	销售部门销售业绩及评价				
2	销售部门	销售额	业绩评价结果	评价标准	
3	部门A	268743		100000以下	差
4	部门B	325489		100000~200000	一般
5	部门C	248015		200000~300000	好
6	部门D	354129		300000~400000	较好
7	部门F	401254		400000以上	很好
8	部门G	234250			
9	部门H	456521			
10	部门I	410256			
11	部门J	184226			
12	部门K	290152			

图 3-61

2. 利用 VLOOKUP 函数,输入产品名称,显示本月退货数和期末库存量。资料如图 3-62 所示。

	A	B	C	D	E	F
1	产品库存统计表					
2	产品名称	期初库存量	本月入库数	本月退货数	存货盘盈/盘亏	期末库存量
3	12寸鸿运扇	256	2145	26	1	2376
4	10寸鸿运扇	135	2568	35	-2	2666
5	柜式空调	547	1569	0	-3	2113
6	窗式空调	659	1879	25	2	2515
7	三层冰箱	23	645	41	3	630
8	双层冰箱	655	864	12	4	1511
9						
10	请输入产品名称:					
11	本月退货数					
12	期末库存量					

图 3-62

Excel 在货币时间价值中的应用

学习目的

理解货币时间价值中相关的概念、术语,掌握财务管理中现值、终值、年金、利率的基本方法,熟练掌握在 Excel 系统中相关函数的功能和用法,并能利用这些财务函数解决实际工作中的问题,结合养老金计算、贷款计划等案例,提升分析货币时间价值应用的能力。

任务一 货币时间价值概述

一、相关概念

货币时间价值是经济学的一个重要概念,在金融、财务方面也非常重要。掌握 Excel 在货币时间价值中的应用,可以充分利用 Excel 函数快速解决货币时间价值中的计算问题。

1. 货币时间价值的含义

货币时间价值,是指一定量货币资本在不同时点上的价值量差额。货币的时间价值来源于货币进入社会再生产过程后的价值增值。通常情况下,它是指没有风险也没有通货膨胀情况下的社会平均利润率,是利润平均化规律发生作用的结果。根据货币具有时间价值的理论,可以将某一时点的货币价值金额折算为其他时点的价值金额。

2. 本金

本金(Principal)即贷款、存款或投资在计算利息之前的原始金额。本金在财务管理中称为现值,是指未来某一时点上的一定量现金折合为现在的价值。

3. 单利和复利

① 单利(Simple interest)是指本金固定,到期后一次性结算利息,而本金所产生的利息不再计算利息。简单来说就是利不生利。

② 复利(Compound interest)是指把上一期的本金和利息作为下一期的本金来计算利息。简单来说就是利滚利。

4. 现值和终值

① 现值(PreY3nt value)是指未来某一时点上的一定量资金折算到现在所对应的金额。在 Excel 中,现值的函数名为 PV。

② 终值(Final value)是指现在一定量的资金折算到未来某一时点所对应的金额。在

Excel 中,终值的函数名为 FV。

现值和终值是一定量资金在前后两个不同时点上对应的价值,其差额即为资金的时间价值。

5. 年金

年金(Annuity)是指间隔期相等的系列等额收付款。年金包括普通年金、预付年金、递延年金、永续年金等形式。在 Excel 中,年金的函数名为 PMT。

① 普通年金是年金的最基本形式,它是指从第一期起,在一定时期内每期期末等额收付的系列款项,又称为后付年金。

② 预付年金是指从第一期起,在一定时期内每期期初等额收付的系列款项,又称为先付年金或即付本金。

预付年金与普通年金的区别仅在于收付款时间的不同,普通年金发生在期末,而预付年金发生在期初。

③ 递延年金是指隔若干期后才开始发生的系列等额收付款项。

④ 永续年金是指无限期收付的年金,即一系列没有到期日的现金流。

在年金中,系列等额收付的间隔期间只需要满足"相等"的条件即可,间隔期间可以不是一年。

6. 现值和终值的计算公式

为了帮助大家更好地理解上述概念,下面给出单利、复利和年金对应的现值和终值计算公式,其中,P 为现值,F 为终值,A 为年金,I 为利息,i 为利率,n 为时间(计算利息的期数),如表 4-1 所示。

表 4-1 现值和终值公式一览表

单利	终值	$F = P \times (1 + n \times i)$
	现值	$P = F / (1 + n \times i)$
复利	终值	$F = P \times (1+i)^n$
	现值	$P = F / (1+i)^n$
普通年金	终值	$F = A \times (F/A, i, n)$ 在普通年金终值计算公式中,如果已知年金终值求年金,则求出的年金被称为偿债基金。 即:偿债基金 = 普通年金终值 × 偿债基金系数 偿债基金系数与年金终值系数互为倒数。
	现值	$P = A \times (P/A, i, n)$ 在普通年金现值计算公式中,如果已知年金现值求年金,则求出的年金被称为资本回收额。 即:资本回收额 = 普通年金现值 × 资本回收系数 资本回收系数与年金现值系数互为倒数。
即付年金	终值	$F = A \times (F/A, i, n) \times (1+i)$ $= A \times [(F/A, i, n+1) - 1]$
	现值	$P = A \times (P/A, i, n) \times (1+i)$ $= A \times [(P/A, i, n-1) + 1]$

续表

递延年金	终值	$F=A\times(F/A,i,n)$,其中 n 是指 A 的个数,与递延期无关。
	现值	计算方法一：先将递延年金视为 n 期普通年金,求出在 m 期末普通年金现值,然后再将此年金现值按求复利现值的方法折算到第一期期初。 $P_0=A\times(P/A,i,n)\times(P/F,i,m)$ 计算方法二：先计算 $m+n$ 期年金现值,再减去 m 期年金现值。 $P_0=A\times[(P/A,i,m+n)-(P/A,i,m)]$ 计算方法三：先求递延年金终值,再折现为现值。 $P_0=A\times(F/A,i,n)\times(P/F,i,m+n)$
永续年金	终值	无终值
	现值	$P=A/i$

二、相关函数

1. PMT 函数

功能：基于固定利率及等额分期付款方式,返回贷款的每期付款额。PMT 函数即年金函数。

语法：PMT(rate,nper,pv,[fv],[type])

参数说明：

rate：必需,贷款利率。

nper：必需,该项贷款的付款总期数。

pv：必需,现值,或一系列未来付款额现在所值的总额,也叫本金。

fv：可选,终值,或在最后一次付款后希望得到的现金余额。如果省略 fv,则假定其值为 0,即贷款的终值是 0。

type：可选,类型,数字"0"或"1",用以指定各期的付款时间是在期初还是期末。数字"0"或省略表示期末,数字"1"表示期初。

提示：

PMT 返回的付款包括本金和利息,但不包括税金、准备金,也不包括某些与贷款有关的费用。

指定 rate 和 nper 所用的单位是一致的。例：如果要以 10% 的年利率按月支付一笔 5 年期的贷款,则 rate 应为 10%/12,nper 应为 5*12。如果按年支付同一笔贷款,则 rate 应为 10%,nper 应为 5。

要求出贷款期内的已付款总额,可以将返回的 PMT 值乘以 nper。

例：甲公司准备购买一台设备,价值为 50 万元,商定采用分期付款方式,3 年付清,年利率为 8%,每个月月底支付。请计算每个月月底需要付多少。

操作步骤如下：

① 在 Excel 中,选择"公式"选项卡,单击"函数库"组中"插入函数",打开"插入函数"对话框。选择 PMT 函数,如图 4-1 所示。

项目四　Excel 在货币时间价值中的应用

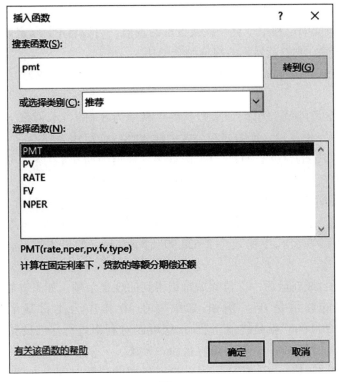

图 4-1

② 单击"确定"按钮后，打开"函数参数"对话框，输入相关数值，如图 4-2 所示。单击"确定"按钮后即可得出结果。

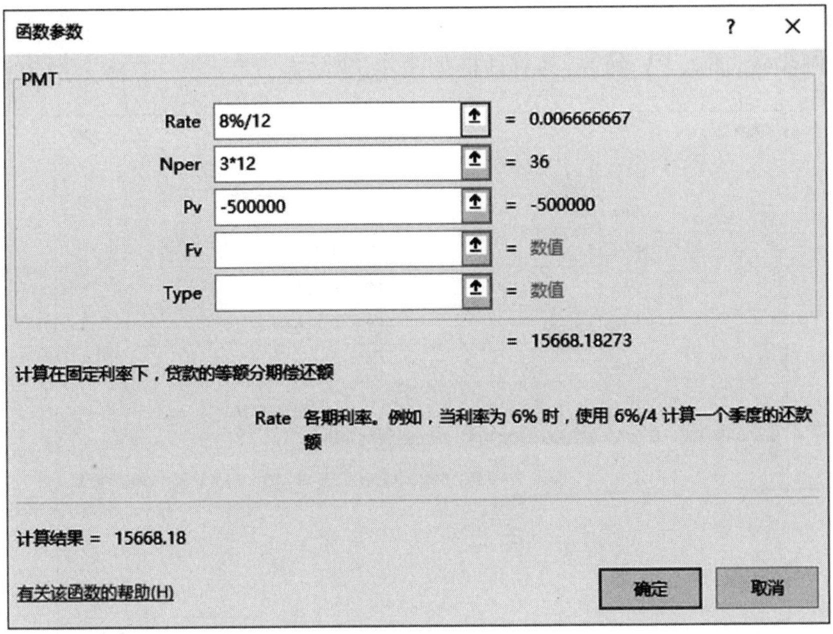

图 4-2

甲公司每个月月底需要支付 1 566.18 元。

2. PV 函数

功能：用于根据固定利率计算贷款或投资的现值。可以将 PV 与定期付款、固定付款（如按揭或其他贷款）或投资目标的终值结合使用。

语法：PV(rate,nper,pmt,[fv],[type])

参数说明：

rate：必需，各期利率。例如，如果您获得年利率为 8% 的汽车贷款，并且每月还款一次，则每月的利率为 8%/12。您需要在公式中输入"8%/12"作为利率。

nper：必需，年金的付款总期数。例如，如果您获得为期 6 年的汽车贷款，每月还款一次，则贷款期数为 6*12。您需要在公式中输入"6*12"作为 nper。

pmt：必需，每期的付款金额，在年金周期内不能更改。通常，pmt 包括本金和利息，但不含其他费用或税金。例如，对于金额为 150 000、利率为 8% 的 6 年期汽车贷款，每月付款为 2 629.99 元。您需要在公式中输入"-2 629.99"作为 pmt。如果省略 pmt，则必须包括 fv 参数。

fv：可选，终值，或在最后一次付款后希望得到的现金余额。如果省略 fv，则假定其值为 0（例如，贷款的终值是 0）。例如，如果要在 10 年中为支付某个特殊项目而储蓄 200 000 元，则"200 000"就是终值。然后，您可以对利率进行保守的猜测，并确定每月必须储蓄的金额。如果省略 fv，则必须包括 pmt 参数。

type：可选，类型，数字"0"或"1"，用以指定各期的付款时间是在期初还是期末。数字"0"或省略表示期末，数字"1"表示期初。

提示：指定 rate 和 nper 所用的单位是一致的。

例：小张准备 5 年后买房，需要首付 10 万元，假定银行复利年利率为 5%，问现在小张需要存入银行多少钱？

按上例步骤，插入 PV 函数，其对话框如图 4-3 所示。

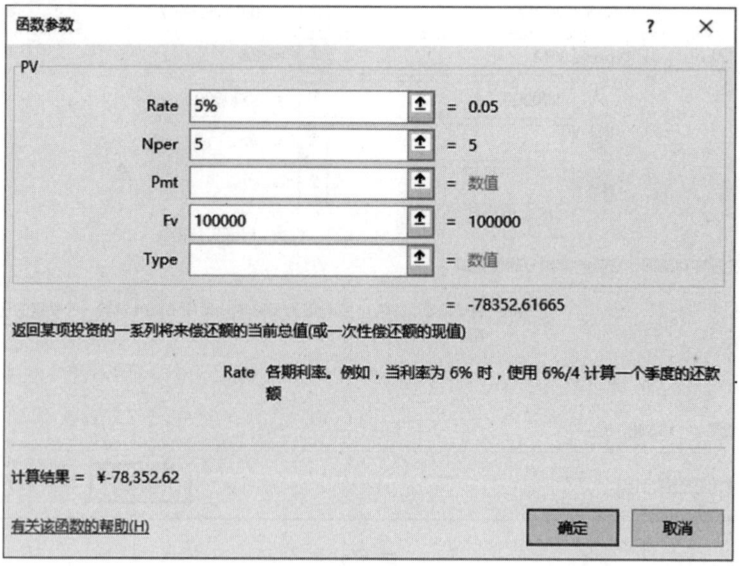

图 4-3

小张现在需要存入银行78 352.62元。

3. FV函数

功能：用于根据固定利率计算投资的终值。可以将FV与定期付款、固定付款或一次付清总额付款结合使用。

语法：FV(rate,nper,pmt,[pv],[type])

参数说明：

rate：必需，各期利率。

nper：必需，年金的付款总期数。

pmt：必需，各期所应支付的金额，在整个年金期间保持不变。通常pmt包括本金和利息，但不包括其他费用或税款。如果省略pmt，则必须包括pv参数。

pv：可选，现值，或一系列未来付款的当前值的累积和。如果省略pv，则假定其值为0，并且必须包括pmt参数。

type：可选，类型，数字"0"或"1"，用以指定各期的付款时间是在期初还是期末。数字"0"或省略表示期末，数字"1"表示期初。

提示：

指定rate和nper所用的单位是一致的。

对于所有参数，支出的款项，如银行存款，以负数表示；收入的款项，如股息支票，以正数表示。

例：小张现在每个月初在银行存3 000元，假定银行复利年利率为5%，问10年后小张在银行有多少钱？

按上例步骤，插入FV函数，其对话框如图4-4所示。

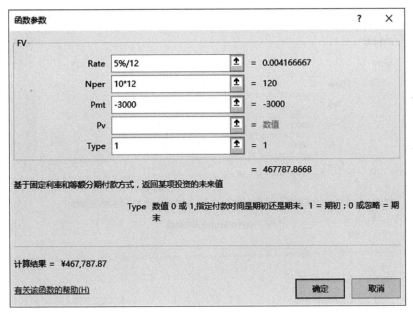

图4-4

10年后小张在银行有467 787.87元。

4. RATE 函数

功能：返回年金每期的利率，是通过迭代计算的，可以有零或多个解法。如果在 20 次迭代之后，RATE 的连续结果不能收敛于 0.000 000 1 之内，则 RATE 返回错误值"#NUM！"。

语法：RATE(nper,pmt,pv,[fv],[type],[guess])

参数说明：

nper：必需，年金的付款总期数。

pmt：必需，每期的付款金额，在年金周期内不能更改。通常，pmt 包括本金和利息，但不含其他费用或税金。如果省略 pmt，则必须包括 fv 参数。

pv：必需，现值，或一系列未来付款当前值的总和。

fv：可选，终值，或在最后一次付款后希望得到的现金余额。如果省略 fv，则假定其值为 0（例如，贷款的未来值是 0）。如果省略 fv，则必须包括 pmt 参数。

type：可选，类型，数字"0"或"1"，用以指定各期的付款时间是在期初还是期末。数字"0"或省略表示期末，数字"1"表示期初。

guess：可选，预期利率。如果省略 guess，则假定其值为 10%。如果 RATE 不能收敛，请尝试不同的 guess 值。如果 guess 在 0 和 1 之间，RATE 通常会收敛。

提示：指定 guess 和 nper 所用的单位是一致的。如果贷款为期 5 年（年利率 12%），每月还款一次，则 guess 使用 12%/12，nper 使用 5*12。如果对相同贷款每年还款一次，则 guess 使用 12%，nper 使用 5。

例：有人向小张推销一种投资，现在存 5 万元，3 年后可以拿到 15 万，请问小张可以投资吗？

分析上述情况，我们先计算年利率，按上例步骤，插入 RATE 函数，其对话框如图 4-5 所示。

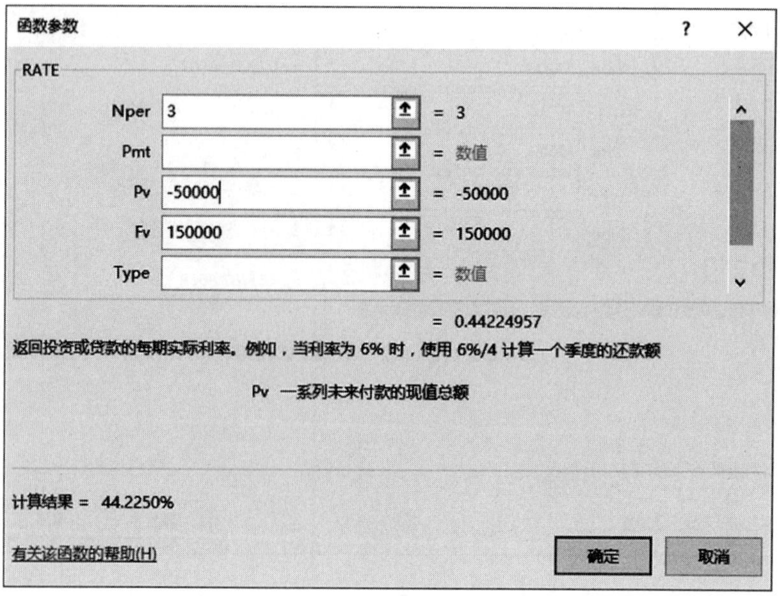

图 4-5

从计算结果可以看出,年利率高达44.23%。这种投资不一定是馅饼,也可能是陷阱,小张还是谨慎为好。

5. NPER 函数

功能:基于固定利率及等额分期付款方式,返回某项投资的总期数。

语法:NPER(rate,pmt,pv,[fv],[type])

参数说明:

rate:必需,各期利率。

pmt:必需,各期所应支付的金额,在整个年金期间保持不变。通常 pmt 包括本金和利息,但不包括其他费用或税款。

pv:必需,现值,或一系列未来付款的当前值的累积和。

fv:可选。终值,或在最后一次付款后希望得到的现金余额。如果省略 fv,则假定其值为0(例如,贷款的终值是0)。

type:可选,类型,数字"0"或"1",用以指定各期的付款时间是在期初还是期末。数字"0"或省略表示期末,数字"1"表示期初。

例:小张准备分期付款购买一辆汽车,价值15万元,车贷年利率为2.5%,每个月月初支付2 000元,问小张多长时间能还清贷款?

按上例步骤,插入 NPER 函数,其对话框如图4-6所示。

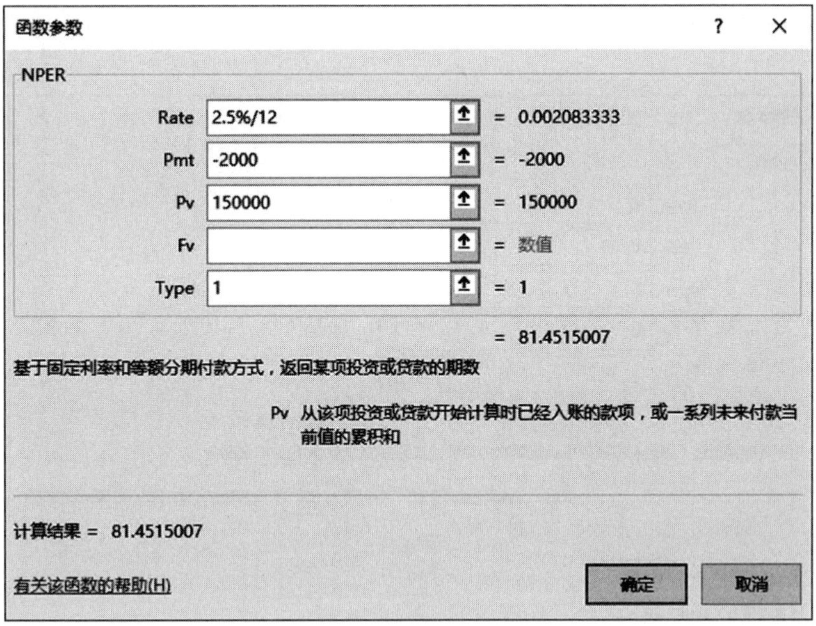

图4-6

从计算结果来看,小张需要81.45个月能还清贷款。

6. PPMT 函数

功能:返回根据定期固定付款和固定利率而定的投资在已知期间内的本金偿付额。

语法:PPMT(rate,per,nper,pv,[fv],[type])

参数说明：

rate：必需，各期利率。

per：必需，指定期数，该值必须在 1 到 nper 范围内。

nper：必需，年金的付款总期数。

pv：必需，现值即一系列未来付款当前值的总和。

fv：可选，终值，或在最后一次付款后希望得到的现金余额。如果省略 fv，则假定其值为 0，即贷款的终值是 0。

type：可选，类型，数字"0"或"1"，用以指定各期的付款时间是在期初还是期末。数字"0"或省略表示期末，数字"1"表示期初。

提示：指定 rate 和 nper 所用的单位是一致的。

例：甲公司向银行取得借款 6 000 万元，期限为 5 年，年利率为 10%，与银行约定以等额分期付款方式每期期末偿付借款，则每年的本金偿还额为多少？

可以利用 PPMT 函数制作各年本金偿还额计划表，步骤如下：

① 设计表格，如图 4-7 所示。

② 在 B5 单元格中插入财务函数 PPMT，参数如图 4-8 所示。

	A	B	C
1	贷款额（万元）	年利率	期限
2	6000	10%	5
3	本金及利息偿还表		
4	年	偿还本金	偿还利息
5	1		
6	2		
7	3		
8	4		
9	5		

图 4-7

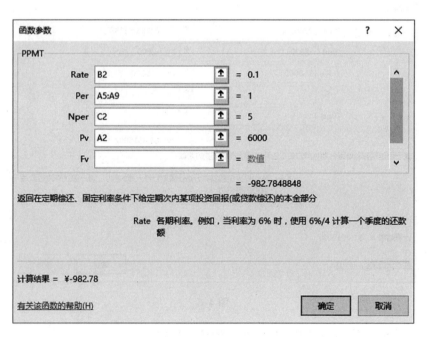

图 4-8

③ 单击"确定"按钮,剪切 B5 公式,选中 B5:B9,将公式粘贴到编辑栏,按【Ctrl】+【Shift】+【Enter】组合键(备注:数组方式),计算结果如图 4-9 所示。

	A	B	C
1	贷款额(万元)	年利率	期限
2	6000	10%	5
3	本金及利息偿还表		
4	年	偿还本金	偿还利息
5	1	-982.78	
6	2	-1081.06	
7	3	-1189.17	
8	4	-1308.09	
9	5	-1438.90	

B5 单元格公式:{=PPMT(B2,A5:A9,C2,A2)}

图 4-9

即第 1 年的本金偿还额为 982.78 万元;第 2 年的本金偿还额为 1 081.06 万元……

7. IPMT 函数

功能:基于固定利率及等额分期付款方式,返回给定期数内对投资的利息偿还额。

语法:IPMT(rate,per,nper,pv,[fv],[type])

参数说明:

rate:必需,各期利率。

per:必需,用于计算其利息数额的期数,必须在 1 到 nper 之间。

nper:必需,总投资期,即该项投资的付款总期数。

pv:必需,现值,或一系列未来付款的当前值的累积和。

fv:可选,终值,或在最后一次付款后希望得到的现金余额。如果省略 fv,则假设其值为 0(例如,一笔贷款的终值即为 0)。

type:可选,类型,数字"0"或"1",用以指定各期的付款时间是在期初还是期末。数字"0"或省略表示期末,数字"1"表示期初。

提示:

指定 rate 和 nper 所用的单位是一致的。

对于所有参数,支出的款项,如银行存款,表示为负数;收入的款项,如股息收入,表示为正数。

例:在上例中,用 IPMT 函数计算各年的利息偿还额,步骤如下:

① 在 C5 单元格中插入财务函数 IPMT,参数如图 4-10 所示。

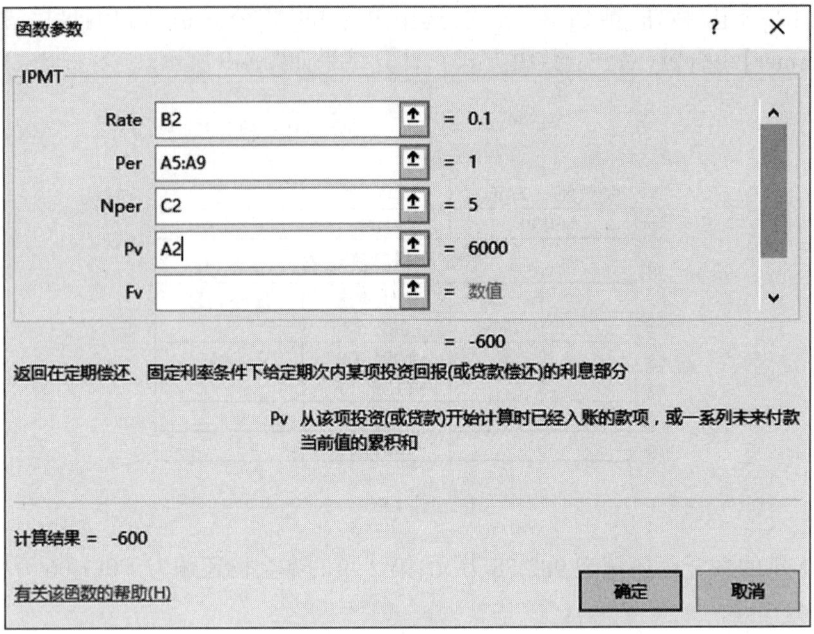

图 4-10

② 单击“确定”按钮,剪切 C5 公式,选中 C5：C9,将公式粘贴到编辑栏,按【Ctrl】+【Shift】+【Enter】组合键(备注：数组方式),结果如图 4-11 所示。

C5 {=IPMT(B2,A5:A9,C2,A2)}

	A	B	C
1	贷款额（万元）	年利率	期限
2	6000	10%	5
3	本金及利息偿还表		
4	年	偿还本金	偿还利息
5	1	-982.78	-600.00
6	2	-1,081.06	-501.72
7	3	-1,189.17	-393.62
8	4	-1,308.09	-274.70
9	5	-1,438.90	-143.89

图 4-11

即第 1 年的利息偿还额为 600 万元;第 2 年的利息偿还额为 501.72 万元 ……

8. CUMPRINC 函数

功能：返回一笔贷款在给定的 start_period 到 end_period 期间累计偿还的本金数额。

语法：CUMPRINC(rate,nper,pv,start_period,end_period,type)

参数说明：

rate：必需,利率。

nper：必需,总付款期数。

pv：必需,现值。

start_period：必需，计算中的首期。付款期数从1开始计数。

end_period：必需，计算中的末期。

type：必需，付款时间类型。数字"0"表示期末，数字"1"表示期初。

提示：

指定rate和nper所用的单位是一致的。

如果rate≤0、nper≤0或pv≤0，则CUMPRINC返回错误值"#NUM！"。

如果start_period<1、end_period<1或start_period>end_period，则CUMPRINC返回错误值"#NUM！"。

如果type不为数字"0"或"1"，则CUMPRINC返回错误值"#NUM！"。

9. CUMIPMT函数

功能：返回一笔贷款在给定的start_period到end_period期间累计偿还的利息数额。

语法：CUMIPMT(rate,nper,pv,start_period,end_period,type)

参数说明：

rate：必需，利率。

nper：必需，总付款期数。

pv：必需，现值。

start_period：必需，计算中的首期。付款期数从1开始计数。

end_period：必需，计算中的末期。

type：必需，付款时间类型。数字"0"表示期末，数字"1"表示期初。

提示：

指定rate和nper所用的单位是一致的。

如果rate≤0、nper≤0或pv≤0，则CUMIPMT返回错误值"#NUM！"。

如果start_period<1、end_period<1或start_period>end_period，则CUMIPMT返回错误值"#NUM！"。

如果type不为数字"0"或"1"，则CUMIPMT返回错误值"#NUM！"。

任务二 现值和终值模型

一、复利现值系数模型

复利现值是指未来一定时间的特定资金按复利计算的现在价值，或者说是为取得将来一定复利现值系数本利和现在所需要的本金。复利现值系数也即1元的复利价值。

为了便于计算，可以编制"复利现值系数表"进行查询。下面介绍"复利现值系数表"模型的操作方法。

① 建立数据表模型，如图4-12所示。

	A	B	C	D	E	F	G	H	I	J	K
1	复利现值系数表										
2	年利率 年数	1%	2%	3%	4%	5%	6%	7%	8%	9%	10%
3	1										
4	2										
5	3										
6	4										
7	5										
8	6										
9	7										
10	8										
11	9										
12	10										

图 4-12

② 在 B3 单元格插入 PV 函数,如图 4-13 所示。注意数据引用是混合方式。

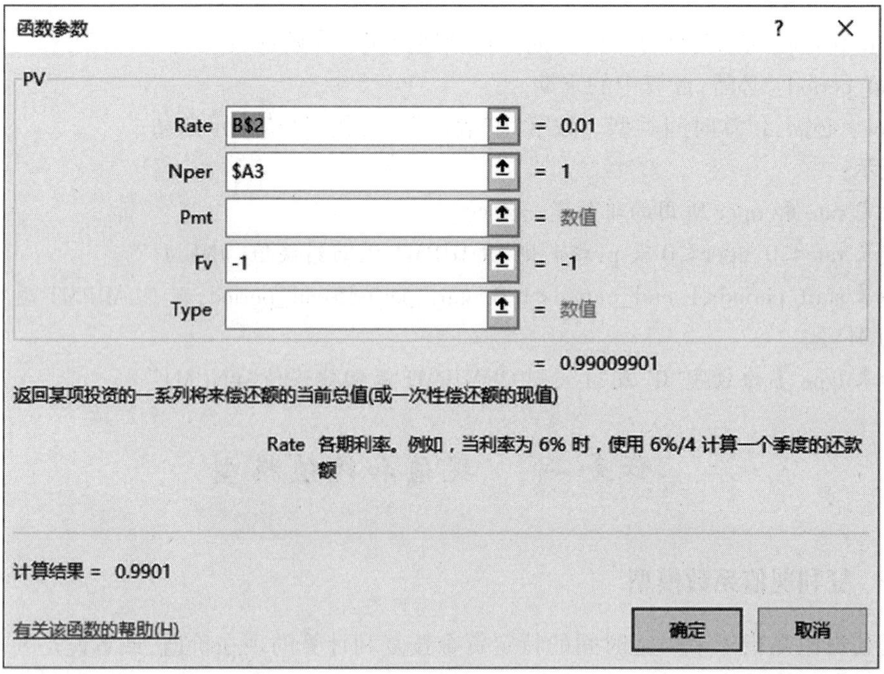

图 4-13

③ 单击"确定"按钮,公式建立完成。利用填充柄向下向右填充,得到"复利现值系数表",用户也可把年限向下填充,把利率向右填充,得到更多的数据。一个"复利现值系数表"模型建立完毕,如图 4-14 所示。

B3	:	×	✓	fx	=PV(B$2,$A3,,-1)					

复利现值系数表

年利率\年数	1%	2%	3%	4%	5%	6%	7%	8%	9%	10%
1	0.9901	0.9804	0.9709	0.9615	0.9524	0.9434	0.9346	0.9259	0.9174	0.9091
2	0.9803	0.9612	0.9426	0.9246	0.9070	0.8900	0.8734	0.8573	0.8417	0.8264
3	0.9706	0.9423	0.9151	0.8890	0.8638	0.8396	0.8163	0.7938	0.7722	0.7513
4	0.9610	0.9238	0.8885	0.8548	0.8227	0.7921	0.7629	0.7350	0.7084	0.6830
5	0.9515	0.9057	0.8626	0.8219	0.7835	0.7473	0.7130	0.6806	0.6499	0.6209
6	0.9420	0.8880	0.8375	0.7903	0.7462	0.7050	0.6663	0.6302	0.5963	0.5645
7	0.9327	0.8706	0.8131	0.7599	0.7107	0.6651	0.6227	0.5835	0.5470	0.5132
8	0.9235	0.8535	0.7894	0.7307	0.6768	0.6274	0.5820	0.5403	0.5019	0.4665
9	0.9143	0.8368	0.7664	0.7026	0.6446	0.5919	0.5439	0.5002	0.4604	0.4241
10	0.9053	0.8203	0.7441	0.6756	0.6139	0.5584	0.5083	0.4632	0.4224	0.3855

图 4-14

二、复利终值系数模型

复利终值是指现在某一时点的特定资金按复利计算的未来价值,又称本利和。每经过一个计息期后,都要将所生利息加入本金,以计算下期的利息。这样,在每一计息期,上一个计息期的利息都要成为生息的本金。复利终值系数也即 1 元的复利终值。

为了便于计算,可以编制"复利终值系数表"进行查询。"复利终值系数表"模型的建立方法可以参照"复利现值系数表"模型。

这里仅把"复利终值系数表"模型的结果展示出来,用户可以自行实践,如图 4-15 所示。

B3	:	×	✓	fx	=FV(B$2,$A3,,-1)					

复利终值系数表

年利率\年数	1%	2%	3%	4%	5%	6%	7%	8%	9%	10%
1	1.0100	1.0200	1.0300	1.0400	1.0500	1.0600	1.0700	1.0800	1.0900	1.1000
2	1.0201	1.0404	1.0609	1.0816	1.1025	1.1236	1.1449	1.1664	1.1881	1.2100
3	1.0303	1.0612	1.0927	1.1249	1.1576	1.1910	1.2250	1.2597	1.2950	1.3310
4	1.0406	1.0824	1.1255	1.1699	1.2155	1.2625	1.3108	1.3605	1.4116	1.4641
5	1.0510	1.1041	1.1593	1.2167	1.2763	1.3382	1.4026	1.4693	1.5386	1.6105
6	1.0615	1.1262	1.1941	1.2653	1.3401	1.4185	1.5007	1.5869	1.6771	1.7716
7	1.0721	1.1487	1.2299	1.3159	1.4071	1.5036	1.6058	1.7138	1.8280	1.9487
8	1.0829	1.1717	1.2668	1.3686	1.4775	1.5938	1.7182	1.8509	1.9926	2.1436
9	1.0937	1.1951	1.3048	1.4233	1.5513	1.6895	1.8385	1.9990	2.1719	2.3579
10	1.1046	1.2190	1.3439	1.4802	1.6289	1.7908	1.9672	2.1589	2.3674	2.5937

图 4-15

三、年金现值系数模型

年金现值就是在已知等额收付款金额未来本利、利率和计息期数时,考虑货币时间价值,计算出的这些收付款到现在的等价票面金额。年金现值系数就是按利率每期收付1元钱折成的现值。

为了便于计算,可以编制"年金现值系数表"进行查询。下面介绍"年金现值系数表"模型的操作方法。

① 建立数据表模型,并在 K1 单元格建立下拉数据箭头,在"数据验证"对话框中"验证条件"中"允许"处选择"序列",来源处输入"先付,后付",如图 4-16 所示。单击"确定"按钮,结果如图 4-17 所示。

图 4-16

图 4-17

② 在 B3 单元格插入 PV 函数,函数参数设置如图 4-18 所示。注意数据引用是混合方式。参数 Type 用 IF 函数来实现"先付"和"后付"的选择。

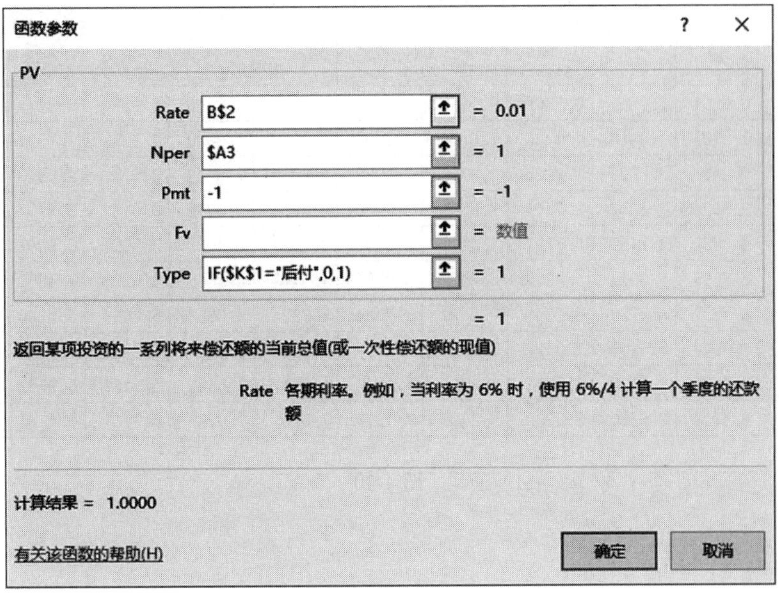

图 4-18

③ 单击"确定"按钮,公式建立完成。利用填充柄向下向右填充,得到"年金现值系数表",用户也可把年限向下填充,把利率向右填充,得到更多的数据。

在 K1 单元格中选择"先付"或"后付",就可以分别得出不同结果,"年金现值系数表"模型建立完毕。选择"先付"的计算结果如图 4-19 所示,选择"后付"的计算结果如图 4-20 所示。

B3　=PV(B$2,$A3,-1,,IF($K$1="后付",0,1))

	A	B	C	D	E	F	G	H	I	J	K
1					年金现值系数表						先付
2	年利率 年数	1%	2%	3%	4%	5%	6%	7%	8%	9%	10%
3	1	1.0000	1.0000	1.0000	1.0000	1.0000	1.0000	1.0000	1.0000	1.0000	1.0000
4	2	1.9901	1.9804	1.9709	1.9615	1.9524	1.9434	1.9346	1.9259	1.9174	1.9091
5	3	2.9704	2.9416	2.9135	2.8861	2.8594	2.8334	2.8080	2.7833	2.7591	2.7355
6	4	3.9410	3.8839	3.8286	3.7751	3.7232	3.6730	3.6243	3.5771	3.5313	3.4869
7	5	4.9020	4.8077	4.7171	4.6299	4.5460	4.4651	4.3872	4.3121	4.2397	4.1699
8	6	5.8534	5.7135	5.5797	5.4518	5.3295	5.2124	5.1002	4.9927	4.8897	4.7908
9	7	6.7955	6.6014	6.4172	6.2421	6.0757	5.9173	5.7665	5.6229	5.4859	5.3553
10	8	7.7282	7.4720	7.2303	7.0021	6.7864	6.5824	6.3893	6.2064	6.0330	5.8684
11	9	8.6517	8.3255	8.0197	7.7327	7.4632	7.2098	6.9713	6.7466	6.5348	6.3349
12	10	9.5660	9.1622	8.7861	8.4353	8.1078	7.8017	7.5152	7.2469	6.9952	6.7590

图 4-19

B3　　fx　=PV(B$2,$A3,-1,,IF($K$1="后付",0,1))

	A	B	C	D	E	F	G	H	I	J	K
1		年金现值系数表									后付
2	年利率 年数	1%	2%	3%	4%	5%	6%	7%	8%	9%	10%
3	1	0.9901	0.9804	0.9709	0.9615	0.9524	0.9434	0.9346	0.9259	0.9174	0.9091
4	2	1.9704	1.9416	1.9135	1.8861	1.8594	1.8334	1.8080	1.7833	1.7591	1.7355
5	3	2.9410	2.8839	2.8286	2.7751	2.7232	2.6730	2.6243	2.5771	2.5313	2.4869
6	4	3.9020	3.8077	3.7171	3.6299	3.5460	3.4651	3.3872	3.3121	3.2397	3.1699
7	5	4.8534	4.7135	4.5797	4.4518	4.3295	4.2124	4.1002	3.9927	3.8897	3.7908
8	6	5.7955	5.6014	5.4172	5.2421	5.0757	4.9173	4.7665	4.6229	4.4859	4.3553
9	7	6.7282	6.4720	6.2303	6.0021	5.7864	5.5824	5.3893	5.2064	5.0330	4.8684
10	8	7.6517	7.3255	7.0197	6.7327	6.4632	6.2098	5.9713	5.7466	5.5348	5.3349
11	9	8.5660	8.1622	7.7861	7.4353	7.1078	6.8017	6.5152	6.2469	5.9952	5.7590
12	10	9.4713	8.9826	8.5302	8.1109	7.7217	7.3601	7.0236	6.7101	6.4177	6.1446

图 4-20

四、年金终值系数模型

年金终值就是在已知等额收付款金额、利率和计息期数时,考虑货币时间价值,计算出的这些收付款到期时的等价票面金额。年金终值系数就是按利率每期收付 1 元钱折成的现值。

为了便于计算,可以编制"年金终值系数表"进行查询。"年金终值系数表"模型的建立方法可以参照"年金现值系数表"模型。

这里仅把"年金终值系数表"模型的结果展示出来,用户可以自行实践。选择"先付"的计算结果如图 4-21 所示,选择"后付"的计算结果如图 4-22 所示。

B3　　fx　=FV(B$2,$A3,-1,,IF($K$1="后付",0,1))

	A	B	C	D	E	F	G	H	I	J	K
1		年金终值系数表									先付
2	年利率 年数	1%	2%	3%	4%	5%	6%	7%	8%	9%	10%
3	1	1.0100	1.0200	1.0300	1.0400	1.0500	1.0600	1.0700	1.0800	1.0900	1.1000
4	2	2.0301	2.0604	2.0909	2.1216	2.1525	2.1836	2.2149	2.2464	2.2781	2.3100
5	3	3.0604	3.1216	3.1836	3.2465	3.3101	3.3746	3.4399	3.5061	3.5731	3.6410
6	4	4.1010	4.2040	4.3091	4.4163	4.5256	4.6371	4.7507	4.8666	4.9847	5.1051
7	5	5.1520	5.3081	5.4684	5.6330	5.8019	5.9753	6.1533	6.3359	6.5233	6.7156
8	6	6.2135	6.4343	6.6625	6.8983	7.1420	7.3938	7.6540	7.9228	8.2004	8.4872
9	7	7.2857	7.5830	7.8923	8.2142	8.5491	8.8975	9.2598	9.6366	10.0285	10.4359
10	8	8.3685	8.7546	9.1591	9.5828	10.0266	10.4913	10.9780	11.4876	12.0210	12.5795
11	9	9.4622	9.9497	10.4639	11.0061	11.5779	12.1808	12.8164	13.4866	14.1929	14.9374
12	10	10.5668	11.1687	11.8078	12.4864	13.2068	13.9716	14.7836	15.6455	16.5603	17.5312

图 4-21

B3		× ✓ fx	=FV(B$2,$A3,-1,,IF($K$1="后付",0,1))							
	A	B	C	D	E	F	G	H	I	J	K
1					年金终值系数表						后付
2	年利率\年数	1%	2%	3%	4%	5%	6%	7%	8%	9%	10%
3	1	1.0000	1.0000	1.0000	1.0000	1.0000	1.0000	1.0000	1.0000	1.0000	1.0000
4	2	2.0100	2.0200	2.0300	2.0400	2.0500	2.0600	2.0700	2.0800	2.0900	2.1000
5	3	3.0301	3.0604	3.0909	3.1216	3.1525	3.1836	3.2149	3.2464	3.2781	3.3100
6	4	4.0604	4.1216	4.1836	4.2465	4.3101	4.3746	4.4399	4.5061	4.5731	4.6410
7	5	5.1010	5.2040	5.3091	5.4163	5.5256	5.6371	5.7507	5.8666	5.9847	6.1051
8	6	6.1520	6.3081	6.4684	6.6330	6.8019	6.9753	7.1533	7.3359	7.5233	7.7156
9	7	7.2135	7.4343	7.6625	7.8983	8.1420	8.3938	8.6540	8.9228	9.2004	9.4872
10	8	8.2857	8.5830	8.8923	9.2142	9.5491	9.8975	10.2598	10.6366	11.0285	11.4359
11	9	9.3685	9.7546	10.1591	10.5828	11.0266	11.4913	11.9780	12.4876	13.0210	13.5795
12	10	10.4622	10.9497	11.4639	12.0061	12.5779	13.1808	13.8164	14.4866	15.1929	15.9374

图 4-22

任务三 货币时间价值案例

一、养老金计划

1. 案例陈述

大张计划 41 岁开始为自己储备养老金直到 60 岁退休,希望 61 岁到 80 岁每年年初支取 50 000 元作为生活补贴,假定年利率为 8%。

① 每年年初,大张需要存多少钱?

② 假如大张在 41 岁前养老金账户已有存款 50 000 元,现作为本金存入,则大张每年年初需要存多少钱?

③ 假如想在 80 岁时扣除全部已支取的金额外仍然有 200 000 元,则大张每年年初应存多少钱?

2. 案例计算步骤

分析案例可知,本方案主要解决大张 41 岁起每年存多少钱的问题。我们分三种情况建立"大张养老金计划表模型",具体步骤如下:

① 计算第一种方案中"61 岁至 80 岁需要的养老金总额"。

② 计算第一种方案中"每年存入的金额"。

③ 第二种方案中有一次性存款,这在计算"每年存入的金额"时有相应变化。

④ 第三种方案中要求 80 岁除养老金外还有 20 万元的账面存款,这在计算"每年存入的金额"时有相应变化。

相关分析公式如图 4-23 所示。

⑤ 从计算得出,第一种方案,每年年初需要存 10 727.41 元;第二种方案,每年年初需

要存 7 511.51 元;第三种方案,每年年初需要存 11 595.62 元。

计算结果如图 4-24 所示。

大张养老金计划表	
第一种方案	
利率	8%
61岁起支取养老金的年限	20
每年支取的金额	50000
61岁至80岁需要的养老金总额	PV(C3,C4,-C5,,1)
41岁存入养老金的年限	20
每年存入的金额	PMT(C3,C7,,C6,1)
第二种方案	
61岁至80岁需要的养老金总额	C6
41岁时的一次性存款	40000
每年存入的金额	PMT(C3,C7,-C11,C10)
第三种方案	
80岁进账面金额	200000
61岁至80岁需要的养老金总额	PV(C3,C4,-C5,-C14,1)
每年存入的金额	PMT(C3,C7,,C15,1)

图 4-23

	B	C
	大张养老金计划表	
	第一种方案	
利率		8%
61岁起支取养老金的年限		20
每年支取的金额		50000
61岁至80岁需要的养老金总额		530179.96
41岁存入养老金的年限		20
每年存入的金额		-10727.41
	第二种方案	
61岁至80岁需要的养老金总额		530179.96
41岁时的一次性存款		40000
每年存入的金额		-7511.51
	第三种方案	
80岁进账面金额		200000
61岁至80岁需要的养老金总额		573089.60
每年存入的金额		-11595.62

图 4-24

二、房产贷款

1. 案例陈述

老张购买了一套总价人民币 80 万元的新房,首付 30 万元,贷款总额 50 万元,其中公积金贷款 20 万元,期限 10 年,年利率 4%,商业贷款 30 万元,期限 15 年,年利率 6.5%。如果采用等额本息还款,公积金贷款、商业贷款每月还款额为多少? 利息、本金各多少,每月还款总额是多少?

2. 案例计算步骤

分析案例后,建立基础资料区域模型和还款计算区域模型,如图 4-25 所示。具体步骤如下:

A	B	C	D	E	F	G	H	I	J	K
					基础资料区域					
房价	800000	贷款	公积金贷款	200000	利率	公积金利率	4.00%	贷款年限	公积金年限	10
首付	300000		商业贷款	300000		商业利率	6.50%		商业年限	15
					还款计算区域					
月份	公积金贷款偿还			商业贷款偿还			还款总额	利息总额	本金总额	
	还款额	利息	本金	还款额	利息	本金	还款额	利息	本金	
1										
2										
3										

图 4-25

① 在 B8 单元格中输入公式 "=PMT($H$2/12,$K$2*12,-$E$2)",并将公式复制到 B9:B127。计算公积金贷款的月还款额。

② 在 C8 单元格中输入公式"=IPMT($H$2/12,A8,$K$2*12,-$E$2)",并将公式复制到 C9：C127。计算公积金贷款的月利息。

③ 在 D8 单元格中输入公式"=PPMT($H$2/12,A8,$K$2*12,-$E$2)",并将公式复制到 D9：D127。计算公积金贷款的每月还款本金。

④ 在 E8 单元格中输入公式"=PMT($H$3/12,$K$3*12,-$E$3)",并将公式复制到 E9：E187。计算商业贷款的月还款额。

⑤ 在 F8 单元格中输入公式"=IPMT($H$3/12,A8,$K$3*12,-$E$3)",并将公式复制到 F9：F187。计算商业贷款的月利息。

⑥ 在 G8 单元格中输入公式"=PPMT($H$3/12,A8,$K$3*12,-$E$3)",并将公式复制到 G9：G187。计算商业贷款每月还款本金。

⑦ 分别选取 H8、I8、J8 单元格,输入相对应公式"=SUM(B8,E8)""=SUM(C8,F8)""=SUM(D8,G8)",计算每月的还款总额、利息总额和本金总额。

⑧ 选中 B8：J8 区域,向下填充复制公式。

⑨ 单击 B188 单元格,输入公式"=SUM(B8:B187)",计算公积金贷款还款合计。将公式向右填充复制到 C188：J188 单元格,分别计算对应项目的合计数,计算完成。计算结果如图 4-26 所示。

	A	B	C	D	E	F	G	H	I	J	K
1					基础资料区域						
2	房价	800000	贷款	公积金贷款	200000	利率	公积金利率	4.00%	贷款年限	公积金年限	10
3	首付	300000		商业贷款	300000		商业利率	6.50%		商业年限	15
4											
5					还款计算区域						
6	月份		公积金贷款偿还			商业贷款偿还		还款总额	利息总额	本金总额	
7		还款额	利息	本金	还款额	利息	本金	还款额	利息	本金	
8	1	2024.90	666.67	1358.24	2613.32	1625.00	988.32	4638.22	2291.67	2346.56	
9	2	2024.90	662.14	1362.76	2613.32	1619.65	993.68	4638.22	2281.79	2356.44	
10	3	2024.90	657.60	1367.31	2613.32	1614.26	999.06	4638.22	2271.86	2366.36	
11	4	2024.90	653.04	1371.86	2613.32	1608.85	1004.47	4638.22	2261.89	2376.33	
185	178				2613.32	42.01	2571.31	2613.32	42.01	2571.31	
186	179				2613.32	28.08	2585.24	2613.32	28.08	2585.24	
187	180				2613.32	14.08	2599.24	2613.32	14.08	2599.24	
188	总合计	242988.33	42988.33	200000.00	470397.98	170397.98	300000.00	713386.31	213386.31	500000.00	

图 4-26

任务四　计息周期的计算与应用

一、名义利率和实际利率

在经济分析中,复利计算通常以年为计息周期,但在实际经济活动中计息周期有半年、季、月、周、日等多种形式。当利率的时间单位与计息期不一致时,就会出现名义利率和实际利率的问题。

实际利率与名义利率之间的关系为：

$$R = \left(1+\frac{i}{m}\right)^m - 1$$

其中，R 为实际利率，m 为复利计息次数，i 为名义利率（报价利率）。

1. 把名义利率转换为实际利率

（1）用 Excel 的公式进行计算

假如名义利率为 6%，一年计息 4 次，用公式计算，结果如图 4-27 所示。

	A	B	C
1	名义利率	6.00%	
2	一年计息次数	4	
3			
4			
5	实际利率(用公式)	6.14%	
6	实际利率(用函数)	6.14%	

B5 =(1+B1/B2)^B2-1

图 4-27

（2）用 Excel 的函数（EFFECT 函数）进行计算

功能：利用给定的名义年利率和每年的复利期数，计算有效的年利率。

语法：EFFECT(nominal_rate, npery)

参数说明：

nominal_rate：必需，名义利率。

npery：必需，每年的复利期数。

仍以上题为例，结果如图 4-28 所示。

	A	B	C
1	名义利率	6.00%	
2	一年计息次数	4	
3			
4			
5	实际利率(用公式)	6.14%	
6	实际利率(用函数)	6.14%	

B6 =EFFECT(B1,B2)

图 4-28

2. 把实际利率转换为名义利率

实际利率转为名义利率的公式为：

$$I = m\left[(r+1)^{\frac{1}{m}} - 1\right]$$

其中，I 为名义利率，r 为实际利率，m 为一年内计息的次数。

（1）用 Excel 的公式进行计算

假如实际利率为 6.14%，一年计息 4 次，用公式计算名义利率，结果如图 4-29 所示。

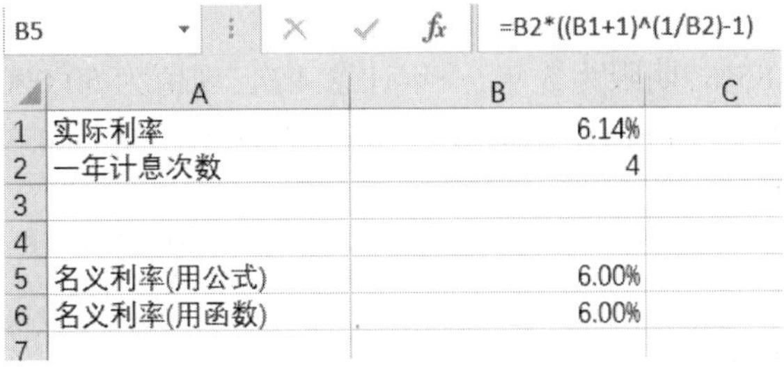

B5 =B2*((B1+1)^(1/B2)-1)

	A	B	C
1	实际利率	6.14%	
2	一年计息次数	4	
3			
4			
5	名义利率(用公式)	6.00%	
6	名义利率(用函数)	6.00%	
7			

图 4-29

(2) 用 Excel 的函数(NOMINAL 函数)进行计算

功能：NOMINAL 函数基于给定的实际利率和年复利期数，返回名义年利率。

语法：NOMINAL(effect_rate,npery)

参数说明：

effect_rate：必需，实际利率。

npery：必需，每年的复利期数。

仍以上题为例，结果如图 4-30 所示。

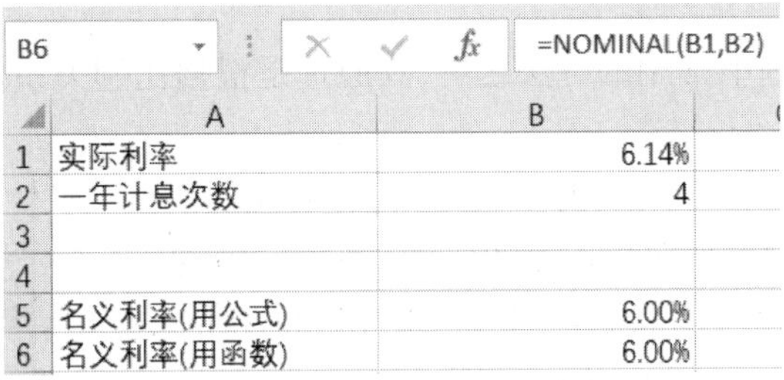

B6 =NOMINAL(B1,B2)

	A	B
1	实际利率	6.14%
2	一年计息次数	4
3		
4		
5	名义利率(用公式)	6.00%
6	名义利率(用函数)	6.00%

图 4-30

二、每年多次计息的现值和终值计算

当一个函数的结果作为另一个函数的参数时，称为函数嵌套。

1. 现值的计算

已知年利率为 6.85%，期限为 5 年，一年计息 4 次，终值是 70 219.31 元，求现值。

可以利用 PV 函数和 EFFECT 函数嵌套，求出结果，公式如图 4-31 所示。

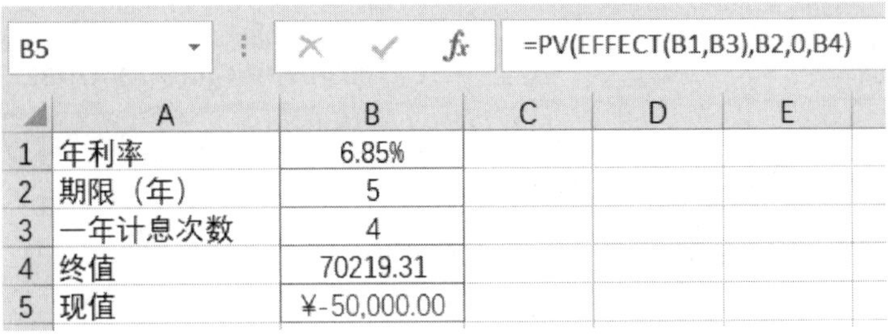

B5 =PV(EFFECT(B1,B3),B2,0,B4)

	A	B	C	D	E
1	年利率	6.85%			
2	期限（年）	5			
3	一年计息次数	4			
4	终值	70219.31			
5	现值	¥-50,000.00			

图 4-31

2. 终值的计算

已知年利率为 6.85%，期限为 5 年，一年计息 4 次，现值为 50 000 元，求终值。

可以利用 FV 函数和 EFFECT 函数嵌套，求出结果，公式如图 4-32 所示。

B5 =FV(EFFECT(B1,B3),B2,0,-B4)

	A	B	C	D	E
1	年利率	6.85%			
2	期限（年）	5			
3	一年计息次数	4			
4	现值	50000			
5	终值	¥70,219.31			

图 4-32

任务五 插值法的应用

一、插值法的含义

插值法是财务管理中常用的方法之一，其原理是根据比例关系建立算式，然后计算得出所要求的数据。

举例说明如下：假设 x_1 对应的数据是 y_1，x_3 对应的数据是 y_3，现在已知 x_2，求与 x_2 对应的数据 y_2 是多少。因为 x_2 介于 x_1 和 x_3 之间，所以可以按照相似三角形原理得出等式：

$$(x_2-x_1)/(x_3-x_1)=(y_2-y_1)/(y_3-y_1)$$

整理后得：$y_2=(y_3-y_1)\times(x_2-x_1)/(x_3-x_1)+y_1$，从而计算得出 y_2 的值，如图 4-33 所示。

$$\frac{x_2-x_1}{x_3-x_1}=\frac{y_2-y_1}{y_3-y_1}$$

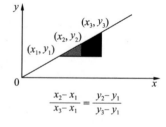

图 4-33

二、利用 Excel 公式进行插值法计算

案例：假如 10 年期年金现值系数在利率为 15%时为 5.018 8，在利率为 16%时为 5.018 8，问当年金现值系数为 5 时的折现率是多少？

根据资料建立 Excel 表格，并在 B4 单元格中输入公式“=((B3−B2)*(A4−A2))/(A3−A2)+B2”，计算结果如图 4-34 所示。

B4 =((B3-B2)*(A4-A2))/(A3-A2)+B2

	A	B	C	D	E
1	系数	利率			
2	5.0188	15.00%			
3	4.8332	16.00%			
4	5	15.10%			

图 4-34

注意：这个 Excel 插值法模型建立后，在使用时，把 B4 单元格作为未知数用于存入公式，其他已知数据在录入时要一一对应。

三、利用 TREND 函数进行插值法计算

功能：TREND 函数沿线性趋势返回值。它根据已知数组 known_y's 和 known_x's 找到线性拟合的直线（用最小二乘法），并返回指定数组 new_x's 在直线上对应的 y 值。

语法：TREND(known_y's,[known_x's],[new_x's],[const])

参数说明：

known_y's：必需，关系 y=mx+b 中已经知道的 y 值集。如果数组 known_y's 在单独一列中，则 known_x's 的每一列被视为一个独立的变量；如果数组 known_y's 在单独一行中，则 known_x's 的每一行被视为一个独立的变量。

known_x's：可选，关系 y=mx+b 中可能已经知道的一组可选 x 值。数组 known_x's 可以包含一组或多组变量。如果仅使用一个变量，那么只要 known_x's 和 known_y's 具有相同的维数，则它们可以是任何形状的区域；如果用到多个变量，则 known_y's 必须为向量（即必须为一行或一列）。

new_x's：可选，new_x's 与 known_x's 一样，对每个自变量必须包括单独的一列（或一行）。因此，如果 known_y's 是单列的，则 known_x's 和 new_x's 应该有同样的列数；如果 known_y's 是单行的，则 known_x's 和 new_x's 应该有同样的行数。

const：可选，一个逻辑值，指定是否强制常量 b 等于 0。如果 const 为 TRUE 或省略，则 b 将按正常计算；如果 const 为 FALY3，则 b 将被设为 0，m 将被调整以使 y=mx。

这个函数看起来比较复杂，在使用时掌握规律即可。我们仍以上面的案例数据为例，具体操作如下：

① 在 Excel 表中对应输入以上数据。

② 在 B4 单元格中输入函数公式"=TREND(B2:B3,A2:A3,A4)"，即可求出利率为 15.10%，如图 4-35 所示。

	A	B
1	系数	利率
2	5.0188	15.00%
3	4.8332	16.00%
4	5	15.10%

图 4-35

也可以打开"函数参数"窗口，在其中选择相应的数据区域，如图 4-36 所示。

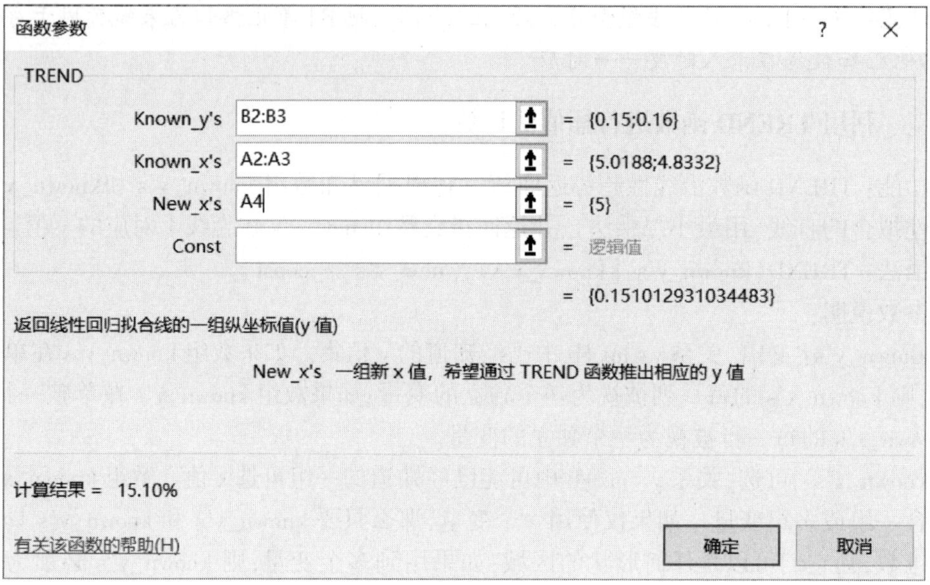

图 4-36

实践训练四

一、理解相关概念的含义
1. 货币时间价值
2. 本金
3. 单利和复利
4. 现值和终值
5. 年金及分类

二、掌握相关函数的功能及使用方法
1. PMT 函数
2. PV 函数
3. FV 函数
4. RATE 函数
5. NPER 函数
6. PPMT 函数
7. IPMT 函数
8. CUMPRINC 函数
9. CUMIPMT 函数
10. EFFECT 函数
11. NOMINAL 函数

三、掌握系数的计算方法

1. 复利现值系数
2. 复利终值系数
3. 年金现值系数
4. 年金终值系数

四、货币时间价值的综合应用

1. 恒达公司购买一台设备,有两个付款方案。甲方案在 5 年中每年年初付款 29 万元,乙方案在 5 年中每年年末付款 30 元。若年利率为 10%,请问哪个方案更佳?

提示:比较两个方案的终值,乙方案更佳。

2. 恒达公司以 10%的年利率借入 50 万元,投资于回收期为 5 年的项目。请问,每年至少应收回多少现金,才能使该投资项目成为获利项目?

提示:计算年金。

3. 小李准备 5 年后买房,首付至少要 20 万元,假定年利率为 6%。请计算他每月月底存多少才能够支付首付?

提示:计算年金。

4. 有一个理财项目,每个月月初存 2 000 元,5 年以后可得 15 万元。假定市场利率为 10%,问该项目是否值得投资?

提示:计算年利率并和市场利率比较,不值得投资。

5. 恒达公司准备进行分期付款购买一台设备,价格为 30 万元,每年年底支付 5 万元。商定的年利率为 6%,请问需要多少年能还清?

提示:计算期数。

6. 假定恒达公司对原有生产设备进行更新改造,预计现在一次支付 40 万元,可使每年增加净收入 10 万元,这项更新设备至少使用 5 年。假设银行复利年利率分别为 7%和 8%,请问在哪种利率下可以接受设备的更新改造?

提示:计算不同利率下每年净收入的现值,大于 40 万元的可以接受。

Excel 在筹资管理中的应用

☞ 学习目的

理解资金需求量预测分析、筹资成本分析、筹资方法分析的方法和内容,掌握在 Excel 系统中这些分析方法的具体运用,结合案例进一步拓展 Excel 在筹资管理中的应用范围,提升分析数据的效率。

筹资管理是指企业根据其生产经营、对外投资和调整资本结构的需要,通过筹资渠道和资本(金)市场,运用筹资方式,经济有效地筹集企业所需资本(金)的财务行为。筹资活动是企业资金流转运动的起点,筹资管理要求解决企业为什么要筹资、需要筹集多少资金、从什么渠道以什么方式筹集,以及如何协调财务风险和资本成本,合理安排资本结构等问题。

筹资内容主要有股权资金筹措和债务资金筹措。

筹资原则主要有筹措合法、规模适当、取得及时、来源经济、结构合理。

任务一 资金量需求预测

企业在筹资之前,应当采用一定的方法预测资金需求量,这是确保企业合理筹集资金的一个必要的基础性环节。资金需要量的预测方法有定性预测法和定量预测法。本章主要讲述定量预测法中的销售百分比法和线性回归分析法。

一、销售百分比法

1. 销售百分比法

销售百分比法,是根据资金的各个项目与销售收入之间的依存关系,并结合销售收入的增长情况来预测计划期企业从外部筹措资金需要量的方法。

具体地说就是企业的销售规模扩大时,要相应增加流动资产,如果销售规模增加很多,还必须增加长期资产。为取得扩大销售所需增加的资产,企业需要筹措资金。这些资金,一部分来自留存收益,另一部分通过外部筹资取得。因此,企业需要预先知道自己的筹资需求,提前安排筹资计划,否则就可能发生资金短缺问题。

2. 预测资金量的步骤

(1) 确定随销售额变动而变动的资产和负债项目

资产负债表的各项目可以划分为敏感项目与非敏感项目。凡是随销售变动而变动并呈现一定比例关系的项目，称为敏感项目。一般而言，敏感资产项目包括库存现金、应收账款、存货等流动资产；敏感负债项目包括应付账款、应付费用、其他应付款等短期债务，由于此类债务随销售额的增加而增加，因而亦称"自然产生的负债"；而企业的对外投资、长期负债、实收资本等项目一般不随销售额的增加而增加，称为非敏感项目。

(2) 计算敏感项目与销售额的百分比

确定敏感项目后，计算出敏感项目与销售额的百分比，确定相关资产、负债与销售额的稳定比例关系。

如果企业资金周转的营运效率保持不变，经营性资产与经营性负债会随销售额的变动而呈正比例变动，保持稳定的百分比关系。企业应当根据历史资料和同业情况，剔除不合理的资金占用，寻找与销售额的稳定百分比关系。

(3) 确定需要增加的筹资数量

预计由于销售增长而需要的资金需求增长额，扣除利润留存后，即为所需要的外部筹资额。即有：

外部融资需求量 $= A/S_1 \times \triangle S - B/S_1 \times \triangle S - P \times E \times S_2$

式中：A 为随销售而变化的敏感性资产；B 为随销售而变化的敏感性负债；S_1 为基期销售额；S_2 为计划期销售额；$\triangle S$ 为销售变动额；P 为销售净利率；E 为利润留存率；A/S_1 为敏感资产与销售额的关系百分比；B/S_1 为敏感负债与销售额的关系百分比。

当企业计划期需要从外部筹措资金时，公式为：

追加的外部融资 = 增加的资产 − 自然增加的负债 − 增加的留存收益 + 计划资金需求量

3. 案例分析

天宇集团 2014 年实现销售收入 218 000 万元，净利润 17 440 万元，分配利润 14 000 万元。预计 2015 年销售收入为 250 000 万元，对该集团 2015 年外部筹资额进行预测。具体步骤如下：

① 确定敏感项目：根据天宇集团 2014 年 12 月 31 日的资产负债表(简表)，确定各资产项目是否敏感项目，如图 5-1 所示。

资产负债表（简表）

单位：天宇集团　　　2014年12月31日　　　单位：万元

资产项目	年末金额	敏感否	负债及所有者权益	年末金额	敏感否
货币资金	4800	是	短期借款	7000	否
应收账款	25300	是	应付账款	24800	是
存货	36000	是	应交税费	5600	是
固定资产	48100	否	长期负债	39500	否
对外投资	5700	否	实收资本	25600	否
无形资产	200	否	留成收益	17600	否
合　计	120100		合　计	120100	

图 5-1

② 建立"天宇集团外部筹资额预测表",计算销售百分比,在 E3 单元格输入公式"=IF(D3="是",C3/$C $10,0)",并向下复制到 E8 单元格。在 I3 单元格输入公式"=IF(H3="是",G3/$C $10,0)",并向下复制到 I8 单元格,如图 5-2 所示。

③ 在 E9 单元格输入公式"=SUM(E3:E8)",在 I9 单元格输入公式"=SUM(I3:I8)",求出敏感项目的销售百分比合计数。

④ 在 F11 单元格输入公式"=F10/C10",得出上年销售净利率;在 I11 单元格输入公式"=1-I10/F10",得出上年留存利率。

⑤ 在 D12 单元格输入公式"=E9*(C11-C10)-I9*(C11-C10)-C11*F11*I11",得出 2015 年外部筹资额为 1 295.41 万元,如图 5-2 所示。

	资产项目	年末金额	敏感否	销售百分比	负债及所有者权益	年末金额	敏感否	销售百分比
2014年已知数	货币资金	4800	是	2.20%	短期借款	7000	否	0
	应收账款	25300	是	11.61%	应付账款	24800	是	11.38%
	存货	36000	是	16.51%	应交税费	5600	是	2.57%
	固定资产净值	48100	否	0	长期负债	39500	否	0
	对外投资	5700	否	0	实收资本	25600	否	0
	无形资产	200	否	0	留成收益	17600	否	0
	合 计	120100		30.32%	合 计	120100		13.94%
	2014年销售额	218000	2014年净利润	17440	2014年分配利润	14000		
预计下年	2015年销售额	250000	上年销售净利率		8.00%	上年留存利率		19.72%
	2015年外部筹资额			1295.41				

天宇集团外部筹资额预测表 金额单位:万元

图 5-2

销售百分比法是资金需求量预测中比较简单的一种方法,适合于预测短期的资金变动,无法对长期资金需求量进行准确预测。

二、线性回归法

1. 相关概念

回归分析法是处理多个变量之间相互关系的一种数学方法,是数理统计常用方法之一。从分析测试的观点来看,回归分析的任务就是找出响应值 Y(因变量)与影响它的诸因素 X_i(自变量, $i=1,2,3,\ldots n$)之间的统计关系(回归模型),利用这种统计关系在一定置信度下由各因素的取值去预测响应值的范围,在众多的预报变量中,判断哪些变量对自变量的影响是显著的,哪些变量的影响是不显著的,根据预报变量的给定值来估计和预测精度。

常用的回归模型包括线性回归、非线性回归。

在财务管理中,线性回归法是资金习性预测法中的一种。资金习性是指资金的变动同产销量(或销售额)变动之间的依存关系。资金按照习性可以分为不变资金、变动资金和半变动资金。

不变资金是指一定产销量范围内,不受产销量变动影响的资金。它包括为维持经营而占用的最低数额的现金、存货的保险储备,以及厂房、机器设备等固定资产占用的资金。

变动资金是指随产销量变动而同比例变动的资金,它一般包括直接构成产品实体的原材料等占用的资金。另外,超过保险储备以外的库存现金、存货、应收账款等也具有变动资金的性质。

半变动资金是指虽随产销量变动而变动,但不成同比例变动的资金,如一些辅助材料占用的资金。半变动资金可采用一定的方法划分为不变资金和变动资金两部分。

线性回归法就是根据过去一定时期的销售量和资金总额,运用反映资金量和销售量之间关系的回归直线方程,并据此确定资金总额中的变动资金和不变资金的一种定量分析方法。

2. 相关函数

(1) SLOPE 函数

功能:返回通过 known_y's 和 known_x's 中数据点的线性回归线的斜率。斜率为直线上任意两点的垂直距离与水平距离的比值,即回归线的变化率。

语法:SLOPE(known_y's,known_x's)

参数说明:

known_y's:必需,数字型因变量数据点数组或单元格区域。

known_x's:必需,自变量数据点集合。

提示:

参数可以是数字,或者是包含数字的名称、数组或引用。

如果数组或引用参数包含文本、逻辑值或空白单元格,则这些值将被忽略;但包含零值的单元格将计算在内。

如果 known_y's 和 known_x's 为空或其数据点个数不同,SLOPE 函数返回错误值"#N/A"。

(2) INTERCEPT 函数

功能:利用已知的 x 值与 y 值计算直线与 Y 轴的交叉点。交叉点是以通过已知 x 值和已知 y 值绘制的最佳拟合回归线为基础的。当自变量是 0(零)时,可使用 INTERCEPT 函数确定因变量的值。

语法:INTERCEPT(known_y's,known_x's)

参数说明:

known_y's:必需,因变的观察值或数据的集合。

known_x's:必需,自变的观察值或数据的集合。

提示:

参数可以是数字,或者是包含数字的名称、数组或引用。

如果数组或引用参数包含文本、逻辑值或空白单元格,则这些值将被忽略;但包含零值的单元格将计算在内。

如果 known_y's 和 known_x's 所包含的数据点个数不相等或不包含任何数据点,则函数 INTERCEPT 返回错误值"#N/A"。

(3) FORECAST 函数

功能:根据现有值计算或预测未来值。预测值为给定 x 值后求得的 y 值。已知值为现有的 x 值和 y 值,并通过线性回归来预测新值。可以使用该函数来预测未来销售、库存需求或消费趋势等。

语法：FORECAST(x,known_y's,known_x's)

参数说明：

x：必需，需要进行值预测的数据点。

known_y's：必需，相关数组或数据区域。

known_x's：必需，独立数组或数据区域。

提示：

如果 x 为非数值型，则 FORECAST 返回错误值"#VALUE!"。

如果 known_y's 和 known_x's 为空或含有不同个数的数据点，函数 FORECAST 返回错误值"#N/A"。

如果 known_x's 的方差为零，则 FORECAST 函数返回错误值"#DIV/0!"。

3. 案例分析

天宇集团 2012 至 2016 年度的产销量和资金占用详细情况如图 5-3 所示。假定 2017 年产销量为 278 万件，根据资料，用线性回归函数预测 2017 年资金需求量。操作步骤如下：

	A	B	C	D
1		天宇集团资金占用额预测表		单位：万元
2	历史资料	年度	产销量X_i（万件）	资金占用Y_i（万元）
3		2012	241	198
4		2013	223	191
5		2014	204	180
6		2015	243	200
7		2016	263	211
8	预测	参数 a		
9		参数 b		
10		2017	278	

图 5-3

① 根据资料建立"天宇集团资金占用额预测表"，如图 5-3 所示。

② 在 C8 单元格输入公式"=INTERCEPT(D3：D7,C3：C7)"，使用 INTERCEPT 函数确定因变量的值。

③ 在 C9 单元格输入公式"=SLOPE(D3：D7,C3：C7)"，使用 SLOPE 函数确定线性回归线的斜率。

④ 在 D10 单元格输入公式"=FORECAST(C10,D3：D7,C3：C7)"，使用 FORECAST 函数来预测未来资金需求量。

根据计算得知，2017 年天宇集团资金需求量为 218.16 万元。计算结果如图 5-4 所示。

	A	B	C	D
1	天宇集团资金占用额预测表			单位：万元
2	历史资料	年度	产销量X_i（万件）	资金占用Y_i（万元）
3		2012	241	198
4		2013	223	191
5		2014	204	180
6		2015	243	200
7		2016	263	211
8	预测	参数 a	75.58	
9		参数 b	0.51	
10		2017	278	218.16

图 5-4

任务二 筹资成本分析

企业的资本成本主要由债务资本成本和权益资本成本组成。资本成本是企业为筹集和使用资金而支付的各项费用，包括筹资费用和使用费用。

筹资费用是指企业在资金筹措过程中为取得资金而支付的各种费用，包括银行借款的手续费，发行股票、债券须支付的广告宣传费、印刷费、代理发行费等；使用费用是指企业因使用资金而支付给投资者的报酬，如股利、利息等。

一、个别资本成本分析

个别资本成本是指各种筹资方式的成本，主要包括银行借款成本、债券成本、优先股成本、普通股成本和留存收益成本，前两者可统称为负债资金成本，后三者统称为权益资金成本。

资本成本可以用绝对数表示，也可以用相对数表示。在财务管理中，一般使用相对数，即称之为资本成本率。资本成本率是用资费用与实际筹资净额（即筹资额扣除筹资费用后的金额）的比率。资本成本率一般简称为资本成本。

通用公式表示为：资本成本＝每年的用资费用÷（筹资额-筹资费用）

1. 长期借款资本成本

（1）长期借款资本成本的含义

长期借款的占用成本一般是借款利息，筹集费是手续费。借款利息通常允许在企业所得税前支付，可以起到抵税的作用。因此，企业实际负担的利息为：利息×（1-所得税税率）。

（2）长期借款资本成本的计算公式

在不考虑货币时间价值的情况下，一次还本、分期付息方式借款的资金成本计算公式如下：

长期借款资本成本＝银行借款年利率×（1-所得税税率）÷（1-银行借款筹资费率）

当银行借款筹资费用率很小时,可以忽略不计,公式简化为:

长期借款资本成本=银行借款年利率×(1-所得税税率)

(3)案例分析

天宇集团取得 5 年期长期借款 200 万元,年利率为 10%,每年付息一次,到期一次还本,筹资费用率为 0.5%,企业所得税税率为 25%。利用 Excel 表格进行长期借款资本成本的计算,步骤如下:

① 建立"长期借款资本成本计算模型"工作表,输入相关已知数据,如图 5-5 所示。

② 计算资本成本率。在 C9 单元格输入公式"=C4*(1-C8)/(1-C7)",得出资本成本率为 7.54%。

③ 计算资本成本。在 C10 单元格输入公式"=C3*C9",得出资本成本为 15.08 万元,如图 5-5 所示。

④ 动态数据设置。可以利用 Excel "开发工具"→"插入"→"表单控件"→"滚动条"来实现动态数据的设置。如在 D3 单元格插入一个"滚动条",单元格链接为 C3,设置如图 5-6 所示。

	A	B	C
1		长期借款资本成本计算模型	
2	已知数据	筹资方式	长期借款
3		借款金额(万元)	200
4		借款年利率	10%
5		借款期限(年)	5
6		每年付息次数	1
7		筹资费率	0.5%
8		所得税税率	25%
9	计算	资本成本率(%)	7.54%
10		资本成本(万元)	15.08

图 5-5

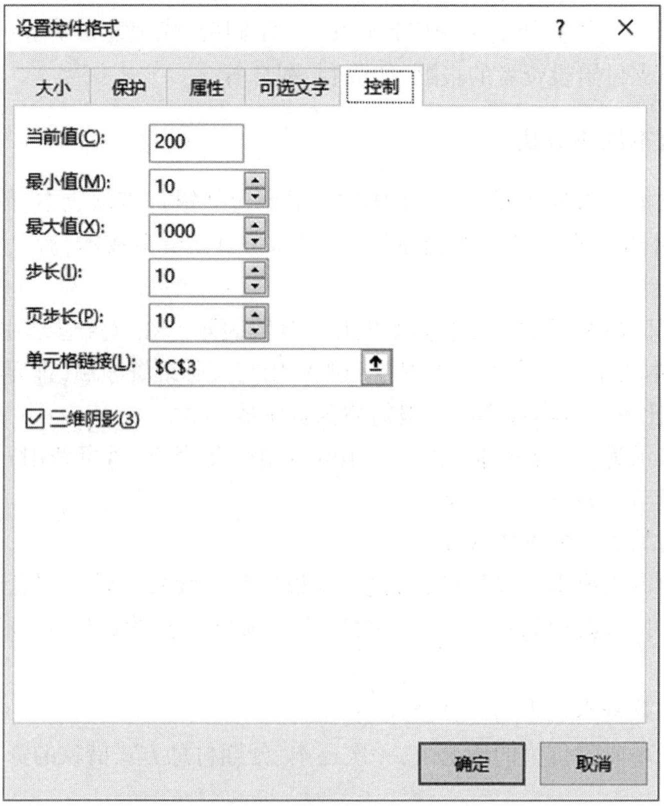

图 5-6

用同样的方法可以进行借款年利率、筹资费率的动态数据设置。具体设置请参考项目二。设置后的截图如图5-7所示。

	A	B	C	D
1		长期借款资本成本计算模型		
2		筹资方式	长期借款	数据调节按钮
3	已知数据	借款金额（万元）	410	◄ ▬ ►
4		借款年利率	7%	◄ ▬ ►
5		借款期限(年)	5	
6		每年付息次数	1	
7		筹资费率	0.0%	◄ ▬ ►
8		所得税税率	25%	
9	计算	资本成本率（%）	5.25%	
10		资本成本（万元）	21.53	

图 5-7

提示：因在"滚动条"控件格式设置中，只能设置为整数，对于小数或百分数设置时要运用一些小技巧。如图5-7中的借款年利率为百分数，可以把D4作为单元格链接，D4的数据输入1000，在C4单元格中输入公式"=D4/10000"，即可以实现数据的动态设置。

2. 长期债券资本成本

（1）长期债券资本成本的含义

长期债券资本成本主要是债券利息和筹资费用。债券利息也在所得税前支付，其处理与长期借款的利息处理相同，但债券的筹资费用一般较高，应予以考虑。债券的筹资费用即发行费，主要包括申请发行债券的手续费、债券注册费、印刷费、上市费及推销费用等。

债券的发行价格有平价、溢价、折价三种价格。债券利息按面值和票面利率确定，但债券的筹资额应按具体发行价格计算，以便正确计算债券的成本。

（2）长期债券资本成本的计算公式

在不考虑货币时间价值的情况下，长期债券资本成本的计算公式为：

长期债券资本成本=债券总面值×票面利率×（1－所得税税率）÷[债券发行总额×（1－筹资费率）]

（3）案例分析

天宇集团发行面额为500万元的10年期债券，票面利率为12%，筹资费率为5%，债券发行总额为600万元，公司所得税税率为25%。利用Excel表格进行长期债券资本成本计算，步骤如下：

① 建立"长期债券资本成本计算模型"工作表，输入相关已知数据。如图5-8所示。

② 计算资本成本率。在C10单元格输入公式"=C4*C5*（1－C9）/（C3*（1－C8））"，得出资本成本率为7.89%。

③ 动态数据设置。参照前文中长期借款资本成本计算步骤，也可以进行发行总额、面值、票面利率、债券期限、每年付息次数、筹资费率等项目的动态数据设置，如图5-8所示。

	A	B	C	D
1		长期债券资本成本计算模型		
2		筹资方式	长期债券	数据调节按钮
3	已知数据	债券发行总额(万元)	600	◄ ►
4		债券总面值(万元)	500	◄ ►
5		票面利率	12.00%	◄ ►
6		债券期限(年)	10.00	◄ ►
7		每年付息次数	1.00	◄ ►
8		筹资费率	5.00%	
9		所得税税率	25.00%	
10	计算	资本成本率(%)	7.89%	

图 5-8

3. 普通股资本成本

（1）普通股资本成本的含义及计算公式

普通股资本成本即投资必要收益率，是使普通股未来股利收益折成现值的总和等于普通股现行价格的折现率。

① 股利折现模型。

固定股利也即每年股利不变，则可视为永续年金。其计算公式为：

固定股利资本成本＝年固定股利÷[普通股股本总额×(1-筹资费率)]

股利固定增长也即每年股利不断增加，其计算公式为：

股利固定增长资本成本＝第一年股利÷[普通股股本总额×(1-筹资费率)]+固定股利年增长率

② 资本资产定价模型。

如果公司采取固定的股利政策，则资本成本率的计算与优先股资本成本的计算相似；如果公司采取固定增长的股利政策，则资本成本率的计算模型如下：

资本资产定价模型资本成本＝无风险报酬率+股票贝塔系数×(市场组合预期报酬率-无风险报酬率)

（2）案例分析

天宇集团以面值发行普通股1 000万元，筹资费率为4%，第一年的股利率为12%，以后每年增长5%，其他资料如图5-9所示。利用Excel表格分别进行普通股资本成本三种方式的计算，步骤如下：

① 建立"普通股资本成本计算模型"工作表，输入相关已知数据。

② 计算固定股利资本成本率。在C6单元格输入公式"=C5/(C2*(1-C4))"，得出固定股利资本成本率为12.5%。

③ 计算股利固定增长资本成本率。在C9单元格输入公式"=C7/(C2*(1-C4))+C8"，得出股利固定增长资本成本率为17.5%。

④ 计算资本资产定价资本成本率。在C13单元格输入公式"=C10+C12*(C11-C10)"，得出资本资产定价资本成本率为13%。

⑤ 动态数据设置。参照前文中长期借款资本成本计算步骤,也可以进行普通股股本总额、年股利率等项目的动态数据设置,如图 5-9 所示。

	A	B	C	D
1	普通股资本成本计算模型			
2	固定股利模型	普通股股本总额(万元)	1000	
3		年股利率	12.00%	
4		筹资费率	4.00%	
5		年固定股利(万元)	120.00	
6		固定股利资本成本率	12.50%	
7	股利固定增长模型	第一年股利(万元)	120.00	
8		股利固定年增长率	5.00%	
9		股利固定增长资本成本率	17.50%	
10	资本资产定价模型	无风险报酬率	5.00%	
11		市场组合预期报酬率	10.00%	
12		股票贝塔系数	1.60	
13		资本资产定价资本成本率	13.00%	

图 5-9

4. 优先股资本成本

(1) 优先股资本成本的含义

优先股是相对于普通股而言的,在利润分红及剩余财产分配的权利方面,优先股优先于普通股。首先,在公司资产破产清算的受偿顺序方面,优先股排在债权之后,比普通股优先;其次,优先股在股利分配顺序方面较普通股优先,而且通常按事先约好的股息率发放;再次,优先股股东通常在股东大会上无表决权。优先股股东没有选举及被选举权,一般来说对公司的经营没有参与权。优先股是股东不能退股,只能通过优先股的赎回条款被公司赎回,但是能稳定分红的股份。

(2) 优先股资本成本的计算公式

优先股资本成本的计算公式为:

资本成本=优先股面值×年股息率÷(发行价格×(1-筹资费率))

(3) 案例分析

天宇集团以面值 1 元、发行价 5 元发行优先股 100 万股,筹资费率为 5%,年股息率为 9%,其他资料如图 5-10 所示。利用 Excel 表格进行优先股资本成本的计算,步骤如下:

① 建立"优先股资本成本计算模型"工作表,输入相关已知数据,如图 5-10 所示。

② 计算优先股资本成本率。在 C9 单元格输入公式"=C4*C7/(C5*(1-C8))",得出优先股资本成本率为 1.89%,如图 5-10 所示。

③ 动态数据设置。参照前文长期借款资本成本计算步骤,也可以设置面值、发行价格等项目的动态数据设置,如图 5-10 所示。

	A	B	C	D
1		优先股资本成本计算模型		
2		公司优先股		数据调节按钮
3	已知数据	发行总额	500	
4		面值(元)	1	◄ ►
5		发行价格	5.00	◄ ►
6		发行股数(万股)	100	◄ ►
7		年股息率	9.00%	◄ ►
8		筹资费率	5.00%	◄ ►
9	计算	优先股资本成本率	1.89%	

图 5-10

5. 留存收益资本成本

（1）留存收益资本成本的含义

留存收益是企业利润总额缴纳所得税后形成的，其所有权属于股东。股东将这一部分未分派的税后利润留存于企业，实质上是追加投资。如果企业将留存收益用于再投资所获得的收益低于股东自己进行另一项风险相似的投资的收益，企业就不应该保留留存收益而应将其分派给股东。留存收益成本的估算难于债务成本，这是因为很难对诸如企业未来发展前景及股东对未来风险所要求的风险溢价做出准确的测定。一般认为，某企业普通股风险溢价对其自己发行的债券来讲，大约在3%~5%之间。当市场利率达到历史性高点时，风险溢价通常较低，在3%左右；当市场利率处于历史性低点时，风险溢价通常较高，在5%左右；而通常情况下，常常采用4%的平均风险溢价。

（2）留存收益资本成本的计算公式

留存收益资本成本的计算公式为：

留存收益资本成本＝固定股利÷留存收益

二、综合资本成本分析

1. 综合资本成本的含义

综合资本成本也称为加权平均资本成本，是以各种不同筹资方式的资本成本为基数，以占资本总额的比重为权数计算的加权平均数。

综合资本成本是由个别资本成本率和各种长期资本比例这两个因素所决定的。账面价值通过会计资料提供，也就是直接从资产负债表中取得，容易计算；其缺陷是资本的账面价值可能不符合市场价值，如果资本的市场价值已经脱离账面价值许多，采用账面价值作基础确定资本比例就有失现实客观性，从而不利于综合资本成本率的测算和筹资管理的决策。

2. 相关函数

SUMPRODUCT 函数

功能：在给定的几组数组中，将数组间对应的元素相乘，并返回乘积之和。

语法：SUMPRODUCT(array1,[array2],[array3],…)

参数说明：

array1：P 必需，其相应元素需要进行相乘并求和的第一个数组参数。

array2,array3,…：可选，第 2 到 255 个数组参数，其相应元素需要进行相乘并求和。

提示：

数组参数必须具有相同的维数。否则，函数 SUMPRODUCT 将提示出错信息。

函数 SUMPRODUCT 将非数值型的数组元素作为 0 处理。

3. 案例分析

天宇集团各项资本项目的资料如图 5-11 所示。利用 Excel 表格进行综合资本成本的计算，步骤如下：

① 根据资料建立"综合资本成本计算模型"工作表，如图 5-11 所示。

	A	B	C	D
1	综合资本成本计算模型			
2	筹资方式	资本价值	权重系数	资本成本
3	长期借款	200.00		5.25%
4	公司债券	600.00		7.89%
5	优先股	500.00		1.89%
6	普通股	1000.00		12.50%
7	留存收益	800.00		8.19%
8	综合资本成本			

图 5-11

② 计算综合资本成本的资本价值的总和。在 B8 单元格输入公式"=SUM(B3：B7)"。

③ 计算权重系数。选中 C3：C7 区域，输入公式"={=B3：B7/B8}"，按【Ctrl】+【Shift】+【Enter】组合键，结束公式输入。

④ 计算权重系数总和。在 C8 单元格输入公式"=SUM(C3：C7)"。

⑤ 计算综合资本成本。在 D8 输入公式"=SUMPRODUCT(C3：C7,D3：D7)"，得出综合资本成本为 1.2%。计算结果如图 5-12 所示。

	A	B	C	D
1	综合资本成本计算模型			
2	筹资方式	资本价值	权重系数	资本成本
3	长期借款	200.00	6.45%	5.25%
4	公司债券	600.00	19.35%	7.89%
5	优先股	500.00	16.13%	1.89%
6	普通股	1000.00	32.26%	12.50%
7	留存收益	800.00	25.81%	8.19%
8	综合资本成本	3100.00	100.00%	8.32%

图 5-12

三、边际资本成本分析

1. 边际资本成本的含义

边际资本成本是指企业每增加一个单位量的资本而形成的增加资本的成本。通常，资本成本率在一定范围内不会改变，而在保持某资本成本率的条件下可以筹集到的资金总额称为保持现有资本结构下的筹资突破点，一旦筹资额超过突破点，即使维持现有的资本结构，其资本成本率也会增加。

2. 确定边际成本的步骤

① 确定追加筹资的目标资本结构。
② 测算个别资本在不同筹资额度内的资本成本。
③ 计算筹资总额的成本分界点。

3. 案例分析

(1) 追加筹资时资本成本不变

案例一：天宇集团计划筹资 2 000 万元，在资本结构保持不变的情况下，计算边际成本，步骤如下：

① 建立"资本结构不变追加筹资额边际成本计算模型"工作表，如图 5-13 所示。

	A	B	C	D	E
1	资本结构不变追加筹资额边际成本计算模型				
2	筹资方式	个别资本成本	资本结构保持不变	追加筹资额	边际资本成本
3	长期借款	5.25%	6.45%		
4	公司债券	7.89%	19.35%		
5	优先股	1.89%	16.13%		
6	普通股	12.50%	32.26%		
7	留存收益	8.19%	25.81%		
8	合计	8.32%	100.00%	2000.00	

图 5-13

② 计算单项追加筹资额。在 D3 单元格输入公式"=$D$8*C3"，并向下填充复制公式到 D7 单元格，得出单项筹资额。

③ 计算单项边际成本。选中 E3：E7 单元格区域，输入公式"{=B3：B7*C3：C7}"，按【Ctrl】+【Shift】+【Enter】组合键，得出单项边际成本。

④ 计算总边际成本。可以在 E8 单元格用"=SUM(E3：E7)"得出结果，也可以在 E8 单元格用"=SUMPRODUCT(B3：B7,C3：C7)"得出结果，如图 5-14 所示。

	A	B	C	D	E
1	资本结构不变追加筹资额边际成本计算模型				
2	筹资方式	个别资本成本	资本结构保持不变	追加筹资额	边际资本成本
3	长期借款	5.25%	6.45%	129.03	0.34%
4	公司债券	7.89%	19.35%	387.10	1.53%
5	优先股	1.89%	16.13%	322.58	0.30%
6	普通股	12.50%	32.26%	645.16	4.03%
7	留存收益	8.19%	25.81%	516.13	2.11%
8	合计	8.32%	100.00%	2000.00	8.32%

图 5-14

从案例一分析可以看出,追加筹资时资本成本不变,单项边际资本成本改变,但总边际成本不变。

案例二:按照案例一资料,在资本结构发生改变的情况下,计算边际成本,步骤如下:

① 建立"资本结构改变追加筹资额边际成本计算模型"工作表,如图 5-15 所示。

	A	B	C	D	E
9	资本结构改变追加筹资额边际成本计算模型				
10	筹资方式	个别资本成本	资本结构发生变化	追加筹资额	边际资本成本
11	长期借款	5.25%	12.00%		
12	公司债券	7.89%	22.00%		
13	优先股	1.89%	20.00%		
14	普通股	12.50%	28.00%		
15	留存收益	8.19%	18.00%		
16	合计	8.32%	100.00%	2000.00	

图 5-15

② 计算单项追加筹资额。在 D11 单元格输入公式"=$D$16*C11",并向下填充复制公式到 D15 单元格,得出单项筹资额。

③ 计算单项边际成本。选中 E11:E15 单元格区域,输入公式"{=B11:B15*C11:C15}",按【Ctrl】+【Shift】+【Enter】组合键,得出单项边际成本。

④ 计算总边际成本。可以在 E16 单元格用"=SUM(E11:E15)"得出结果,也可以在 E8 单元格用"=SUMPRODUCT(B11:B15,C11:C15)"得出结果,如图 5-16 所示。

	A	B	C	D	E
9	资本结构改变追加筹资额边际成本计算模型				
10	筹资方式	个别资本成本	资本结构发生变化	追加筹资额	边际资本成本
11	长期借款	5.25%	12.00%	240.00	0.63%
12	公司债券	7.89%	22.00%	440.00	1.74%
13	优先股	1.89%	20.00%	400.00	0.38%
14	普通股	12.50%	28.00%	560.00	3.50%
15	留存收益	8.19%	18.00%	360.00	1.47%
16	合计	8.32%	100.00%	2000.00	7.72%

图 5-16

从案例二分析可以看出，追加筹资时资本成本改变，边际资本成本也改变，即追加筹资时边际资本成本随资本结构变化而变化。

（2）追加筹资时资本成本改变

案例三：假设天宇集团追加筹资时改变资本成本，目标资本结构和个别资本成本的有关资料如图 5-17 所示。试编制该集团的边际资本成本规划，步骤如下：

① 建立"资本成本改变追加筹资额分界点计算模型"工作表，如图 5-17 所示。

	A	B	C	D	E	F
1	资本成本改变追加筹资额分界点计算模型					单位：万元
2	筹资方式	目标资本结构	新筹资额（下限）	新筹资额（上限）	资本成本	筹资总额分界点计算
3	长期借款	15%	0	45	3%	
4			45	90	5%	
5			90	以上	7%	
6	长期债券	25%	0	200	10%	
7			200	400	11%	
8			400	以上	12%	
9	普通股	60%	0	300	13%	
10			300	600	14%	
11			600	以上	15%	

图 5-17

② 计算筹资总额分界点。在 F3 单元格输入公式"=D3/$B$3"，并向下填充复制公式到 F4 单元格，得出长期借款筹资总额分界点。用同样的方法得出长期债券和普通股筹资总额分界点，如图 5-18 所示。

	A	B	C	D	E	F
1	资本成本改变追加筹资额分界点计算模型					单位：万元
2	筹资方式	目标资本结构	新筹资额（下限）	新筹资额（上限）	资本成本	筹资总额分界点计算
3	长期借款	15%	0	45	3%	300
4			45	90	5%	600
5			90	以上	7%	
6	长期债券	25%	0	200	10%	800
7			200	400	11%	1600
8			400	以上	12%	
9	普通股	60%	0	300	13%	500
10			300	600	14%	1000
11			600	以上	15%	

图 5-18

③ 根据上一步计算出的筹资总额分界点，可以得到 7 组筹资总额范围：0~300 万元；300 万元~500 万元；500 万元~600 万元；600 万元~800 万元；800 万元~1 000 万元；1 000 万元~1 600 万元；1 600 万元以上。根据这 7 组筹资总额范围，建立"资本成本改变追加筹资额边际成本计算模型"工作表，如图 5-19 所示。

	A	B	C	D	E	F
13	资本成本改变追加筹资额边际成本计算模型 单位：万元					
14	筹资总额范围(下限)	筹资总额范围(上限)	筹资方式	目标资本结构	资本成本	边际资本成本
15	0	300	长期借款	15%	3%	10.75%
16			长期债券	25%	10%	
17			普通股	60%	13%	
18	300	500	长期借款	15%	5%	11.05%
19			长期债券	25%	10%	
20			普通股	60%	13%	
21	500	600	长期借款	15%	5%	11.65%
22			长期债券	25%	10%	
23			普通股	60%	14%	
24	600	800	长期借款	15%	7%	11.95%
25			长期债券	25%	10%	
26			普通股	60%	14%	
27	800	1000	长期借款	15%	7%	12.20%
28			长期债券	25%	11%	
29			普通股	60%	14%	
30	1000	1600	长期借款	15%	7%	12.80%
31			长期债券	25%	11%	
32			普通股	60%	15%	
33	1600	以上	长期借款	15%	7%	13.05%
34			长期债券	25%	12%	
35			普通股	60%	15%	

图 5-19

④ 计算边际成本。在 F15 单元格输入公式"= SUMPRODUCT（D15：D17，E15：E17）"，得出"0~300 万元"这一组的边际成本。用同样的方法分别计算 F18、F21、F24、F30、F33 单元格的值，得到筹资总额各区间对应的边际成本。计算结果如图 5-19 所示。

从案例三的分析可以看出，追加筹资时资本成本改变，边际资本成本会随着筹资总额分界点的变化而变化。

任务三　筹资决策方法

筹资决策是指为满足企业融资的需要,对筹资途径、筹资数量、筹资时间、筹资成本、筹资风险和筹资方案进行评价和选择,从而确定一个最优资本结构的分析判断过程。

实际操作中,常采用比较资本成本法、每股收益分析法等方法选择最优资本结构。

一、比较资本成本法

1. 比较资本成本法的含义

比较资本成本法是指企业在筹资决策时,首先拟定多个备选方案,分别计算各个方案的加权平均资本成本,并相互比较来确定最佳资本结构,即通过计算不同资本结构的综合资本成本率,并以此为标准相互比较,选择综合资本成本率最低的资本结构作为最佳资本结构的方法。

运用比较资本成本法必须具备两个前提条件:一是能够通过债务筹资;二是具备偿还能力。企业资本结构决策,分为初次利用债务筹资和追加筹资两种情况。前者称为初始资本结构决策,后者称为追加资本结构决策。比较资本成本法将资本成本的高低作为选择最佳资本结构的唯一标准。

2. 比较资本成本法程序

① 拟定几个筹资方案。
② 确定各方案的资本结构。
③ 计算各方案的加权资本成本。
④ 通过比较,选择加权平均资本成本最低的结构为最优资本结构。

3. 相关函数

(1) MIN 函数

功能:返回一组值中的最小值。

语法:MIN(number1,[number2],…)

参数说明:number1,number2,…:number1 是必选的,后续数字是可选的。

提示:

参数可以是数字或者是包含数字的名称、数组或引用。

逻辑值和直接键入参数列表中代表数字的文本被计算在内。

如果参数是一个数组或引用,则只使用其中的数字。数组或引用中的空白单元格、逻辑值或文本将被忽略。

如果参数不包含任何数字,则 MIN 返回 0。

如果参数为错误值或为不能转换为数字的文本,将会导致错误。

(2) INDEX 函数

功能:返回表格或区域中的值或值的引用。

使用 INDEX 函数有两种形式:

① 数组形式。

功能：返回表格或数组中的元素值，此元素由行号和列号的索引值给定。

当函数 INDEX 的第一个参数为数组常量时，使用数组形式。

语法：INDEX(array,row_num,[column_num])

参数说明：

array：必需，单元格区域或数组常量。

如果数组只包含一行或一列，则相对应的参数是 row_num 或 column_num。

如果数组有多行和多列，但只使用 row_num 或 column_num，函数 INDEX 返回数组中的整行或整列，且返回值也为数组。

row_num：必需，选择数组中的某行，函数从该行返回数值。如果省略 row_num，则必须有 column_num。

column_num：可选，选择数组中的某列，函数从该列返回数值。如果省略 column_num，则必须有 row_num。

提示：

如果同时使用参数 row_num 和 column_num，函数 INDEX 返回 row_num 和 column_num 交叉处的单元格中的值。

如果将 row_num 或 column_num 设置为 0(零)，函数 INDEX 则分别返回整个列或行的数组数值。若要使用以数组形式返回的值，请将 INDEX 函数以数组公式形式输入，对于行以水平单元格区域的形式输入，对于列以垂直单元格区域的形式输入。若要输入数组公式，请按【Ctrl】+【Shift】+【Enter】组合键。

② 引用形式。

功能：返回指定的行与列交叉处的单元格引用。如果引用由不连续的选定区域组成，可以选择某一选定区域。

语法：INDEX(reference,row_num,[column_num],[area_num])

参数说明：

reference：必需，对一个或多个单元格区域的引用。

如果为引用输入一个不连续的区域，必须将其用括号括起来。

如果引用中的每个区域只包含一行或一列，则相应的参数是 row_num 或 column_num。例如，对于单行的引用，可以使用函数 INDEX(reference,,column_num)。

row_num：必需，引用中某行的行号，函数从该行返回一个引用。

column_num：可选，引用中某列的列标，函数从该列返回一个引用。

area_num：可选在引用中选择要从中返回 row_num 和 column_num 的交叉处的区域。选择或输入的第一个区域编号为 1，第二个为 2，依此类推。如果省略 area_num，则 INDEX 使用区域 1。此处列出的区域必须全部位于一张工作表。如果指定的区域不位于同一个工作表，将导致"#VALUE!"错误。如果需要使用的范围位于不同工作表，建议使用函数 INDEX 的数组形式，并使用其他函数来计算构成数组的范围。例如，可以使用 CHOOY3 函数计算将使用的范围。

提示：

reference 和 area_num 选择了特定的区域后，row_num 和 column_num 将进一步选择特定的单元格：row_num1 为区域的首行，column_num1 为首列，以此类推。函数 INDEX 返回的引用即为 row_num 和 column_num 的交叉区域。

如果将 row_num 或 column_num 设置为 0，函数 INDEX 分别返回对整列或整行的引用。

row_num、column_num 和 area_num 必须指向 reference 中的单元格；否则，INDEX 返回错误值"#REF!"。如果省略 row_num 和 column_num，函数 INDEX 返回由 area_num 所指定的引用中的区域。

函数 INDEX 的结果为一个引用，且在其他公式中也被解释为引用。根据公式的需要，函数 INDEX 的返回值可以作为引用或是数值。

(3) MATCH 函数

功能：在给定范围单元格中搜索特定的项，然后返回该项在此区域中的相对位置。

语法：MATCH(lookup_value,lookup_array,[match_type])

参数说明：

lookup_value：必需，要在 lookup_array 中匹配的值。lookup_value 参数可以为值（数字、文本或逻辑值）或对数字、文本或逻辑值的单元格引用。

lookup_array：必需，要搜索的单元格区域。

match_type：可选，数字-1、0 或 1。match_type 参数指定 Excel 如何将 lookup_value 与 lookup_array 中的值匹配。此参数的默认值为 1。

match-type 为 1 或省略：MATCH 查找小于或等于 lookup_value 的最大值。lookup_array 参数中的值必须以升序排序，例如：...-2,-1,0,1,2,...；A-Z；FALY3，TRUE；等等。

match-type 为 0：MATCH 查找完全等于 lookup_value 的第一个值。lookup_array 参数中的值可按任意顺序排列。

match-type 为-1：MATCH 查找大于或等于 lookup_value 的最小值。lookup_array 参数中的值必须按降序排列，例如：TRUE,FALY3；Z-A；...2,1,0,-1,-2,...；等等。

提示：

MATCH 返回匹配值在 lookup_array 中的位置，而非其值本身。例如，MATCH("b",{"a","b","c"},0)返回 2，即"b"在数组{"a","b","c"}中的相对位置。

匹配文本值时，MATCH 函数不区分大小写字母。

如果 MATCH 函数查找匹配项不成功，它会返回错误值"#N/A"。

如果 match_type 为 0 且 lookup_value 为文本字符串，可在 lookup_value 参数中使用通配符问号(?)和星号(*)。问号匹配任意单个字符；星号匹配任意一串字符。如果要查找实际的问号或星号，须在字符前键入波形符(~)。

例如，公式"=MATCH(28,{6,15,25,33,39},1)"返回 3，由于此处无精确匹配项，因此函数返回数组中最接近的最小值"25"的位置。"25"在数组中的位置是 3。

公式"=MATCH("b",{"a","b","c"},0)"返回 2，即"b"在数组中的相对位置。

公式"=MATCH("b",{"d","c","b","a"},-1)"返回 3，即"b"在数组中的相对位置。

4. 案例分析

天宇集团拟增资 6 000 万元,现有三种不同方案可供选择,有关资料如图 5-20 所示。试用比较资本成本法确定最优方案,步骤如下:

① 建立"比较资本成本法计算模型"工作表,如图 5-20 所示。

	A	B	C	D	E
1	比较资本成本法计算模型				
2	筹资方案		筹资额	权重系数	资本成本率
3	方案A	长期借款	1507		5.50%
4		长期债券	50		7.00%
5		优先股	50		11.04%
6		普通股	50		12.02%
7		留存收益	4343		6.91%
8		合计	6000		
9	方案B	长期借款	50		6.50%
10		长期债券	2000		7.00%
11		优先股	0		10.95%
12		普通股	1800		9.57%
13		留存收益	2150		6.99%
14		合计	6000		
15	方案C	长期借款	2878		6.80%
16		长期债券	50		7.20%
17		优先股	1494		10.95%
18		普通股	777		11.92%
19		留存收益	801		7.79%
20		合计	6000		

图 5-20

② 计算筹资权重系数。在 D3 单元格输入公式"=C3/C $8",并向下填充复制公式到 D7 单元格,得出方案 A 的权重系数,并在 D8 单元格求出合计数。用同样的方法分别求出方案 B、方案 C 的相关数据。

③ 计算资本成本。在 E8 单元格输入公式"=SUMPRODUCT(D3：D7,E3：E7)",求出方案 A 的资本成本。用同样的方法分别求出方案 B、方案 C 的资本成本,结果如图 5-21 所示。

④ 求最佳方案。在 E21 单元格输入公式"=MIN(E8,E14,E20)",求出最小资本成本。在 E22 单元格输入公式"=INDEX(A $3：A $20,(MATCH(E $21,E $8：E $20,0)))",得出最佳方案为方案 A,如图 5-21 所示。

	A	B	C	D	E
1	比较资本成本法计算模型				单位：万元
2	筹资方案		筹资额	权重系数	资本成本率
3	方案A	长期借款	1507	25.12%	5.50%
4		长期债券	50	0.83%	7.00%
5		优先股	50	0.83%	11.04%
6		普通股	50	0.83%	12.02%
7		留存收益	4343	72.38%	6.91%
8		合计	6000	100.00%	6.63%
9	方案B	长期借款	50	0.83%	6.50%
10		长期债券	2000	33.33%	7.00%
11		优先股	0	0.00%	10.95%
12		普通股	1800	30.00%	9.57%
13		留存收益	2150	35.83%	6.99%
14		合计	6000	100.00%	7.76%
15	方案C	长期借款	2878	47.97%	6.80%
16		长期债券	50	0.83%	7.20%
17		优先股	1494	24.90%	10.95%
18		普通股	777	12.95%	11.92%
19		留存收益	801	13.35%	7.79%
20		合计	6000	100.00%	8.63%
21	辅助决策结论	最低的综合资本成本率			6.63%
22		最佳的筹资方案			方案A

图 5-21

二、每股收益分析法

1. 每股收益分析法的含义

将企业盈利能力与负债对股东财富的影响结合起来，分析资金结构与每股利润之间的关系，进而确定合理的资金结构的方法，叫息税前利润—每股利润分析法，简写为 EBIT-EPS 分析法，也被称为每股利润无差别点法。

EBIT-EPS 分析法是利用息税前利润和每股利润之间的关系来确定最优资金结构的方法。根据这一分析方法，可以分析判断在什么样的息税前利润水平下适于采用何种资金结构。这种方法确定的最佳资金结构亦即每股利润最大的资金结构。

2. 公式

$$\frac{(EBIT-I_1)(1-T)-D_1}{N_1} = \frac{(EBIT-I_2)(1-T)-D_2}{N_2}$$

式中：$EBIT$——每股收益无差别点处的息税前盈余；

I_1, I_2——两种筹资方式下的年利息；

D_1, D_2——两种筹资方式下的年优先股股利；

N_1, N_2——两种筹资方式下流通在外的普通股股数。

3. 案例分析

天宇集团目前的资本总额为 1 100 万元，其结构为：负债资本 300 万元，年利息为

10%;权益资本 800 万元。现因发展需要,计划筹资 400 万元,这些资金可以利用发行股票来筹集,也可通过发行债券来筹集。假定息税前资本利润率为 15%,发行普通股为 40 万股,每股面值 8 元,发行价 10 元。(即普通股股本增加 320 万元,资本公积增加 80 万元。)原资金结构和筹资后资金结构情况如图 5-22 所示。分析步骤如下:

① 建立"天宇集团筹资前后资本结构计算表"。

	A	B	C	D
1	天宇集团筹资前后资本结构计算表			单位:万元
2	筹资方式	现有资本结构	追加筹资后资本结构	
3			增发普通股(方案A)	增发债券(方案B)
4	资本总额	1100	1500	1500
5	债务资本	300	300	700
6	普通股总额	640	960	640
7	普通股份数(万股)	80	120	80
8	每股面值(元)	8	8	8
9	资本公积	100	180	100
10	留存收益	60	60	60

图 5-22

② 根据"天宇集团筹资前后资本结构计算表",制作"筹资后不同资本结构每股利润计算模型"工作表,根据已知资料,计算预计息税前利润,并分别计算方案 A 和方案 B 的利息、税前利润、净利润。

③ 计算每万股利润。在 B24 单元格输入公式"=B22/B23",并向右复制,得到两个方案的 EPS。

④ 计算不同方案下每股利润差异目标函数。在 B25 单元格输入公式"=(B15-B18)*(1-B20)/B23-(B15-C18)*(1-C20)/C23",得出结果。也可以用公式"=B24-C24"求得。结果如图 5-23 所示。

	A	B	C
11	筹资后不同资本结构每股利润计算模型		单位:万元
12	项目	增发普通股(方案A)	增发债券(方案B)
13	筹资后资本	1500	
14	预计资本利润率	15%	
15	预计息税前利润(EBIT)	225	
16	债务资本	300	700
17	债务利率(10%)	10%	10%
18	利息	30	70
19	税前利润	195	155
20	所得税税率	25%	25%
21	减:所得税	48.75	38.75
22	净利润	146.25	116.25
23	普通股份数(万股)	120	80
24	每万股利润(EPS)	1.2188	1.4531
25	不同方案下每股利润差异目标函数		-0.2344

图 5-23

⑤ 利用"单变量求解"求 EBIT。在"数据"选项卡上的"数据工具"组中,单击"模拟分析",然后单击"单变量求解",打开"单变量求解"对话框。

在"目标单元格"框中,输入单元格的引用,这里是 C25;在"目标值"框中,输入用户希望得到的数额,这里是 0;在"可变单元格"框中,输入要调整的值的单元格引用,这里是 B15,如图 5-24 所示。

⑥ 单击"确定"按钮后,系统进行计算,得出 EBIT 的值为 150 万元,如图 5-25 所示。

图 5-24

筹资后不同资本结构每万股利润计算模型		单位:万元
项目	增发普通股(方案A)	增发债券(方案B)
筹资后资本	1500	
预计资本利润率	15%	
EBIT	150	
债务资本	300	700
债务利率(10%)	10%	10%
利息	30	70
税前利润	120	80
所得税税率	25%	25%
减:所得税	30	20
净利润	90	60
普通股份数(万股)	120	80
每万股利润(EPS)	0.7500	0.7500
不同方案下每股利润差异目标函数		0.0000

图 5-25

从计算分析可以得出,EBIT 等于 150 万元时,两种筹资方式的 EPS 相等,则理论上两种筹资方式是等效的。当 EBIT 小于 150 万元时,增发普通股筹资的 EPS 大于增发债券筹资的 EPS,则应进行增发普通股筹资。反之,当 EBIT 大于 150 万元时,增发债券筹资的 EPS 大于增发普通股筹资的 EPS,则应进行负债筹资,本案例中增发债券(方案 B)是优选方案。

实践训练五

一、资金需求量分析

1. 销售百分比法

某集团 2015 年实现销售收入 191 000 万元,净利润 19 880 万元,分配利润 15 000 万元。预计 2016 年销售收入为 237 000 万元,请对该集团 2016 年外部筹资额进行预测。资料如图 5-26 所示。

	A	B	C	D	E	F
1	资产负债表（简表）					
2	单位：恒达公司			2015年12月31日		单位：万元
3	资产项目	年末金额	敏感否	负债及所有者权益	年末金额	敏感否
4	货币资金	8600	是	短期借款	25000	否
5	应收账款	12500	是	应付账款	31600	是
6	存货	43000	是	应交税费	5600	是
7	固定资产	66100	否	长期负债	22800	否
8	无形资产	2000	否	实收资本	29600	否
9				留成收益	17600	否
10	合计	132200		合计	132200	

图 5-26

2. 线性回归法

恒达公司 2012 至 2016 年度的产销量和资金占用详细情况如图 5-27 所示。假定 2017 年度产销量为 300 万件，请根据资料用线性回归函数预测 2017 年度资金需求量。

	A	B	C	D
1	恒达公司资金占用额预测表			单位：万元
2	历史资料	年度	产销量X_i（万件）	资金占用Y_i（万元）
3		2012	265.1	277.2
4		2013	245.3	267.4
5		2014	224.4	252.0
6		2015	267.3	280.0
7		2016	289.3	295.4

图 5-27

二、筹资成本分析

1. 个别资本成本

恒达公司取得 10 年期长期借款 1 000 万元，年利率为 8%，每年付息一次，到期一次还本，筹资费用率为 0.5%，企业所得税税率为 25%。请利用 Excel 表格进行长期借款资本成本的计算。

2. 长期债券成本

恒达公司发行面额为 800 万元的 5 年期债券，票面利率为 10%，发行费用率为 5%，发行价格为 750 万元，公司所得税税率为 25%。请利用 Excel 表格进行长期债券资本成本的计算。

3. 普通股资本成本

恒达公司以面值发行普通股 3 000 万元，筹资费率为 4%，第一年的股利率为 10%，以后每年增长 5%。请利用 Excel 表格分别进行普通股资本成本三种方式的计算。

4. 优先股资本成本

恒达公司以面值 1 元、发行价 3 元发行优先股 100 万股，筹资费率为 5%，年股息率为

10%。请利用 Excel 表格进行优先股资本成本的计算。

5. 综合成本

恒达公司各项资本项目的资料如图 5-28 所示。请利用 Excel 表格进行综合资本成本的计算。

综合资本成本计算资料			
筹资方式	资本价值	权重系数	资本成本
长期借款	300.00		6.30%
公司债券	900.00		9.47%
优先股	750.00		2.27%
普通股	1500.00		15.00%
留存收益	1200.00		9.83%
综合资本成本			

图 5-28

6. 边际成本

恒达公司计划筹资 1 500 万元,在资本结构保持不变的情况下,请计算边际成本。其他资料如图 5-29 所示。

资本结构不变追加筹资额资料				
筹资方式	个别资本成本	资本结构保持不变	追加筹资额	边际资本成本
长期借款	6.30%	7.74%		
公司债券	9.47%	23.23%		
优先股	2.27%	19.35%		
普通股	13.20%	27.50%		
留存收益	9.83%	22.18%		
合计	8.94%	100.00%	1500.00	

图 5-29

Excel 在投资管理中的应用

👉 学习目的

理解投资决策指标的应用,掌握固定资产投资分析、证券投资分析等内容,熟练掌握在 Excel 系统中投资管理的应用操作,结合案例进一步提升数据的管理效率。

企业投资是指企业以自有的资产投入,承担相应的风险,以期合法地取得更多权益的一种经济活动。企业投资是企业生存与发展的基本前提,是获取利润的基本前提,是企业风险控制的重要手段。

为了加强投资管理,提高投资效益,对企业投资可作如下分类:

① 按投资与企业生产经营的关系,可分为直接投资和间接投资。直接投资是指把资金投放于生产经营环节中,以期获取利润的投资。在非金融性企业中,直接投资所占比重较大。间接投资又称证券投资,是指把资金投放于证券等金融性资产,以期获得股利或利息收入的投资。

② 按投资回收时间的长短,可分为短期投资和长期投资。短期投资是指准备在一年以内收回的投资,主要指对现金应收账款、存货、短期有价证券等的投资。长期投资是指一年以上才能收回的投资,主要指对房屋、建筑物、机器、设备等能够形成生产能力物质技术基础的投资,也包括对无形资产和长期有价证券的投资。

③ 按投资的方向和范围,可分为对内投资和对外投资。对内投资是指把资金投放在企业内部,购置各种生产经营用资产的投资。对外投资是指企业以现金、实物、无形资产等方式或者以购买股票、债券等有价证券方式向其他单位的投资。

一个好的投资决策会给企业带来丰厚的利润,而一个坏的投资决策轻则会使企业劳而无功,重则可导致企业陷入困境。那么,如何衡量投资项目的可行性呢?

本章将利用 Excel 介绍一系列的评价指标和方法,帮助大家进行正确的投资。

任务一 投资决策指标的应用

投资决策是指投资者为了实现其预期的投资目标,运用一定的科学理论、方法和手段,通过一定的程序对投资的必要性、投资目标、投资规模、投资方向、投资结构、投资成本与收益等经济活动中的重大问题进行分析、判断和方案选择。

投资方案评价时使用的指标分为贴现指标和非贴现指标。

一、非贴现指标的应用

非贴现指标是指不考虑时间价值因素的指标,主要包括回收期、会计收益率等。相应的投资决策方法也称为非贴现法。

1. 投资回收期的含义

投资回收期是指用投资方案所产生的净收益补偿初始投资所需要的时间,其单位通常用"年"表示。投资回收期一般从建设年开始算起,也可以从投资年开始算起,计算时应具体注明。回收期越短,说明方案越好。

投资回收期包括静态投资回收期和动态投资回收期。

静态投资回收期是不考虑资金的时间价值收回初始投资所需要的时间。

动态投资回收期是把投资项目各年的净现金流量按基准收益率折成现值之后,再来推算投资回收期,这是它与静态投资回收期的根本区别。动态投资回收期就是净现金流量累计现值等于零时的年份。

2. 计算公式

动态投资回收期(年)= 累计净现值开始出现正值年分数-1+上年累计净现值的绝对值÷当年净现值

静态投资回收期(年)可根据现金流量表计算,其具体计算又分为以下两种情况。

一是项目建成投产后各年的净收益(净现金流量)均相同,则静态投资回收期的计算公式如下:

静态投资回收期(年)= 原始投资额÷每年现金净流量

二是项目建成投产后各年的净收益不同,则静态投资回收期可根据累计净现金流量求得,也就是在现金流量表中累计净现金流量由负值转向正值之间的年份,其计算公式如下:

静态投资回收期(年)= 累计净现金流量开始出现正值的年份-1+上一年累计净现金流量的绝对值÷出现正值年份的净现金流量

3. 案例分析

天宇集团有一个初始投资方案,期限 6 年,每年年末的现金流量如图 6-1 所示。计算该方案的静态投资回收期。

时期	0	1	2	3	4	5	6
净现金流	-1000	500	300	100	200	200	100

图 6-1

操作步骤如下:

① 建立"静态投资回收期计算模型"工作表,计算累计净现金流。在 B4 单元格输入公式"=B3",在 C4 单元格输入公式"=B4+C3",并向右填充复制到 H4 单元格,得出累计净现金流。

② 从计算中可以找到累计净现金流量由负值转为正值的年份数,是第 4 年。在 Excel 中,用 AND 函数判断累计净现金流第一次由负转正的时期,在 C5 单元格输入公式

"=AND(C4>0,B4<0)",并向右填充复制到H5单元格,得出判断结果。

③ 计算回收期。按照公式"累计净现金流量开始出现正值的年份数-1+上一年累计净现金流量的绝对值/出现正值年份的净现金流量"在C6单元格输入公式"=IF(C5=TRUE,C2-1+(ABS(B4)/C3),0)",并向右填充复制到H6单元格,可以得到静态回收期为3.5年,如图6-2所示。

	A	B	C	D	E	F	G	H
1	静态投资回收期计算模型							
2	时期	0	1	2	3	4	5	6
3	净现金流	-1000	500	300	100	200	200	100
4	累计净现金流	-1000	-500	-200	-100	100	300	400
5	判断累计净现金流是否第一次转为正值		FALSE	FALSE	FALSE	TRUE	FALSE	FALSE
6	计算回收期		0.00	0.00	0.00	3.50	0.00	0.00

图6-2

二、贴现指标的应用

贴现指标是指考虑时间价值因素的各项指标,主要包括净现值、现值指数、内含报酬率等。相应的投资决策方法也称为贴现法。

1. 净现值(NPV)

(1) 概念

净现值是投资项目投入使用后的净现金流量,按资本成本或企业要求达到的报酬率折算为现值,减去初始投资以后的余额。净现值法就是按净现值大小来评价方案优劣的一种方法。净现值大于零则方案可行,且净现值越大,方案越优,投资效益越好。本节我们来介绍Excel中的净现值函数NPV的使用方法。

(2) 公式

净现值=现金流入的现值-投资总额现值

(3) NPV函数

功能:使用贴现率和一系列未来支出(负值)和收益(正值)来计算一项投资的净现值。

语法:NPV(rate,value1,[value2],…)

参数说明:

rate:必需,某一期间的贴现率。

value1,value2,…:value1是必需的,后续值是可选的。这些是代表支出及收入的1到254个参数。

value1,value2,…在时间上必须具有相等间隔,并且都发生在期末。

NPV使用value1,value2,…的顺序来说明现金流的顺序。一定要按正确的顺序输入支出值和收益值。

忽略以下类型的参数：空白单元格、逻辑值、数字的文本表示形式、错误值或不能转化为数值的文本。

如果参数是一个数组或引用，则只计算其中的数字。数组或引用中的空白单元格、逻辑值、文本或错误值将被忽略。

（4）案例分析

天宇集团计划购进一台价值900万元的设备进行更新，有效期4年，经营期各年的税后净现金流量如图6-3所示。

期间	0	1	2	3	4
税后净现金流	-900	400	300	300	200

图6-3

假定资金成本率为9%，试分析该方案是否可行。

操作步骤如下：

① 建立"净现值计算模型"工作表，如图6-4所示。

② 在D4单元格输入公式"=NPV(B4,C3:F3)-ABS(B3)"，计算结果是92.82，如图6-4所示。

	A	B	C	D	E	F
1			净现值计算模型			单位：万元
2	期间	0	1	2	3	4
3	税后净现金流	-900	400	300	300	200
4	资本成本率	9%	投资净现值	92.82		

图6-4

根据计算结果，净现值大于0，此方案可行。

2. 现值指数（PI）

（1）概念

现值指数又称获利指数，是指投资项目未来现金净流量的总现值与原始投资现值之比。

现值指数法就是使用现值指数来评价方案优劣的一种方法。现值指数大于1，方案可行，且现值指数越大方案越优。

（2）公式

现值指数=未来现金净流量现值÷原始投资额现值

（3）案例分析

天宇集团现有甲、乙两个投资方案，现金流量及相关资料如图6-5所示。请运用现值指数分析甲、乙两个方案。

初始投资额	300	350			利率	10%
年份	0	1	2	3	4	5
甲现金流量	-300	90	80	90	75	75
乙现金流量	-350	95	100	104	95	95

图 6-5

操作步骤如下：

① 建立"现值指数计算模型"工作表，如图 6-6 所示。

② 计算甲、乙方案的未来净现值。在 B7 单元格输入公式"=NPV(G3,C5:G5)"，在 C7 单元格输入公式"=NPV(G3,C6:G6)"，计算结果分别是 313.35 和 371.02，如图 6-6 所示。

③ 计算甲、乙方案的现值指数。在 B8 单元格输入公式"=B7/B3"，在 C8 单元格输入公式"=C7/C3"，计算结果分别是 1.04 和 1.06，如图 6-6 所示。

	A	B	C	D	E	F	G
1	现值指数计算模型						单位：万元
2		甲方案	乙方案				
3	初始投资额	300	350			利率	10%
4	年份	0	1	2	3	4	5
5	甲现金流量	-300	90	80	90	75	75
6	乙现金流量	-350	95	100	104	95	95
7	未来净现值	313.35	371.02				
8	现值指数	1.04	1.06				

图 6-6

由计算结果可知，乙方案的现值指数大于甲方案的现值指数。所以，决策应该选择乙方案。

3. 内含报酬率(IRR)

（1）概念

内含报酬率是指能够使未来现金流入现值等于未来现金流出现值的贴现率，或者说是使投资方案净现值为零的贴现率。内含报酬率法是根据方案本身内含报酬率来评价方案优劣的一种方法。内含报酬率大于资金成本率则方案可行，内含报酬率越高方案越优。

（2）IRR 函数

功能：返回由值中的数字表示的一系列现金流的内部收益率。这些现金流不必等同，因为它们可能作为年金。但是，现金流必须定期出现。内部收益率是针对包含付款（负值）和收入（正值）的定期投资收到的利率。

语法：IRR(values,[guess])

参数说明：

values：必需，数组或单元格的引用，这些单元格包含用来计算内部收益率的数字。values 包含至少一个正值和一个负值，以计算返回的内部收益率。

IRR 使用值的顺序来说明现金流的顺序。用户一定要按自己需要的顺序输入支出值和收益值。

如果数组或引用包含文本、逻辑值或空白单元格，这些数值将被忽略。

guess：可选，对函数 IRR 计算结果的估计值。

Microsoft Excel 使用迭代法计算函数 IRR。从 guess 开始，IRR 不断修正计算结果，直至其精度小于 0.000 01%。如果 IRR 运算 20 次仍未找到结果，则返回错误值"#NUM!"。

多数情况下，不必为 IRR 计算提供 guess 值。如果省略 guess 值，则假定它为 0.1（10%）。

如果 IRR 返回错误值"#NUM!"，或结果不接近用户预期的值，可用另一个 guess 值重试。

提示：函数 IRR 与净现值函数 NPV 密切相关。IRR 计算的收益率是与 0（零）净现值对应的利率。

(3) 案例分析

天宇集团现有甲、乙、丙三个投资方案，现金流量及相关资料如图 6-7 所示。请运用内含报酬率分析甲、乙、丙三个方案。

	甲方案	乙方案	丙方案			
初始投资额	200	250	300			
年份	0	1	2	3	4	5
甲现金流量	-200	45	60	70	55	50
乙现金流量	-250	69	70	84	73	61
丙现金流量	-300	80	81	95	84	72

图 6-7

操作步骤如下：

① 建立"内含报酬率计算模型"工作表，如图 6-8 所示。

② 计算甲、乙、丙方案的内含报酬率。在 B8 单元格输入公式"=IRR(B5：G5)"，在 C8 单元格输入公式"=IRR(B6：G6)"，在 D8 单元格输入公式"=IRR(B7：G7)"，计算结果分别是 12.23%、13.33%、11.71%，如图 6-8 所示。

③ 计算甲、乙方案的现值指数。在 B8 单元格输入公式"=B7/B3"，在 C8 单元格输入公式"=C7/C3"，计算结果分别是 1.04 和 1.06，如图 6-8 所示。

由计算结果可知，乙方案的内含报酬率最大。所以，决策应该选择乙方案。

	A	B	C	D	E	F	G
1		内含报酬率计算模型				单位：万元	
2		甲方案	乙方案	丙方案			
3	初始投资额	200	250	300			
4	年份	0	1	2	3	4	5
5	甲现金流量	-200	45	60	70	55	50
6	乙现金流量	-250	69	70	84	73	61
7	丙现金流量	-300	80	81	95	84	72
8	内含报酬率	12.23%	13.33%	11.71%			

图 6-8

任务二　固定资产投资分析

固定资产折旧是指在固定资产使用寿命内,按照确定的方法对应计折旧额进行系统分摊。使用寿命是指固定资产的预计寿命,或者该固定资产所能生产产品或提供劳务的数量。应计折旧额是指应计提折旧的固定资产原价扣除其预计净残值后的金额。已计提减值准备的固定资产,还应扣除已计提的固定资产减值准备累计金额。

固定资产折旧形成折旧费用并计入各期成本,折旧费用高估,净利润就低估,反之,折旧费用低估,净利润就高估。就固定资产更新决策而言,它对净利润造成影响,间接产生抵税效果,所以,进行固定资产投资分析时,选择合适的折旧方法是决策者需要考虑的重要因素之一。

下面,重点讨论利用 Excel 函数计算折旧额的几种方法。

一、固定资产折旧方法分析

1. 平均年限法

（1）定义

平均年限法是指按固定资产的使用年限平均计提折旧的一种方法。它是最简单、最普遍的折旧方法,又称"直线法"或"平均法"。

（2）公式

年折旧额=（原价-预计净残值）÷预计使用年限=原价×年折旧率

年折旧率=（1-预计净残值÷原价）÷预计使用年限

（3）SLN 函数

说明：返回一个期间内的资产的直线折旧。

语法：SLN(cost,salvage,life)

参数说明：

cost：必需,资产原值。

salvage：必需，折旧末尾时的值(有时也称为资产残值)。

life：必需，资产的折旧期数(有时也称为资产的使用寿命)。

(4) 案例分析

天宇集团购置设备一台，价值 200 万元，预计使用年限为 5 年，预计净残值为 2 万元，请以平均年限法计算折旧。

操作步骤如下：

① 建立"平均年限法折旧计算模型"工作表，如图 6-9 所示。

② 计算各年的折旧额。在 B5 单元格输入公式"＝SLN($A$3,$B$3,$C$3)"，并向下填充复制到 B9 单元格。

③ 计算累计折旧。在 C5 单元格输入公式"＝B5"，在 C6 单元格输入公式"＝C5＋B6"，并向下填充复制公式到 C9 单元格。

④ 计算净残值。在 B10 单元格输入公式"＝A3－C9"，得出净残值。计算结果如图 6-9 所示。

	A	B	C
1	平均年限法折旧计算模型		单位：元
2	固定资产原值	预计净残值	预计使用年限
3	2,000,000	20,000	5
4	年限	计提折旧	累计折旧
5	1	396,000	396,000
6	2	396,000	792,000
7	3	396,000	1,188,000
8	4	396,000	1,584,000
9	5	396,000	1,980,000
10	净残值	20,000	

图 6-9

2. 年数总和法

(1) 定义

年数总和法又称年数比率法、级数递减法或年限合计法，是固定资产加速折旧法的一种。它是将固定资产的原值减去残值后的净额乘以一个逐年递减的分数计算固定资产折旧额的一种方法。

(2) 公式

逐年递减分数的分子代表固定资产尚可使用的年数；分母代表使用年数的逐年数字之总和，假定使用年限为 n 年，分母即为 $1+2+3+\cdots\cdots+n=n(n+1)\div 2$。相关计算公式如下：

年折旧率＝尚可使用年数÷年数总和×100%

年折旧额＝(固定资产原值－预计残值)×年折旧率

月折旧率＝年折旧率÷12

月折旧额=(固定资产原值-预计净残值)×月折旧率

(3) SYD 函数

功能：返回在指定期间内资产按年限总和折旧法计算的折旧。

语法：SYD(cost,salvage,life,per)

参数说明：

cost：必需，资产原值。

salvage：必需，折旧末尾时的值(有时也称为资产残值)。

life：必需，资产的折旧期数(有时也称为资产的使用寿命)。

per：必需，期间，必须与 life 使用相同的单位。

(4) 案例分析

天宇集团购置设备一台，价值 200 万元，预计使用年限为 5 年，预计净残值为 2 万元，请以年数总和法计算折旧。

操作步骤如下：

① 建立"年数总和法折旧计算模型"工作表，如图 6-10 所示。

② 计算各年的折旧额。在 B5 单元格输入公式"=SYD($A$3,$B$3,$C$3,1)"，并向下填充复制到 B9 单元格。

③ 修改各个公式使用的年份。双击 B6 单元格，把公式中的最后一个参数 per 的值改为"2"，即公式为"=SYD($A$3,$B$3,$C$3,2)"，得到第 2 年的计算公式。依次修改第 3、4、5 年的 per 的参数值。

④ 计算累计折旧。在 C5 单元格输入公式"=B5"，在 C6 单元格输入公式"=C5+B6"，并向下填充复制公式到 C9 单元格。

⑤ 计算净残值。在 B10 单元格输入公式"=A3-C9"，得出净残值。计算结果如图 6-10 所示。

	A	B	C
1	年数总和法折旧计算模型		单位：元
2	固定资产原值	预计净残值	预计使用年限
3	2,000,000	20,000	5
4	年限	计提折旧	累计折旧
5	1	660,000	660,000
6	2	528,000	1,188,000
7	3	396,000	1,584,000
8	4	264,000	1,848,000
9	5	132,000	1,980,000
10	净残值	20,000	

图 6-10

3. 双倍余额递减法

(1) 定义

双倍余额递减法是在固定资产使用年限最后两年的前面各年，用年限平均法折旧率的两倍作为固定的折旧率,乘以逐年递减的固定资产期初净值,得出各年应提折旧额的方法。在固定资产使用年限的最后两年改用平均年限法,将倒数第 2 年初的固定资产账面净值扣除预计净残值后的余额在这两年平均分摊。双倍余额递减法是加速折旧法的一种,是假设固定资产的服务潜力在前期消耗较大,在后期消耗较少,为此,在使用前期多提折旧,后期少提折旧。

(2) 公式

年折旧率=2÷预计的折旧年限×100%

年折旧额=固定资产期初折余价值×年折旧率

月折旧率=年折旧率÷12

月折旧额=年初固定资产折余价值×月折旧率

固定资产期初账面净值=固定资产原值-累计折旧

最后两年,每年折旧额=(固定资产原值-累计折旧-净残值)÷2

(3) DDB 函数

功能:用双倍余额递减法或其他指定方法,返回指定期间内某项固定资产的折旧值。

语法:DDB(cost,salvage,life,period,[factor])

参数说明:

cost:必需,资产原值。

salvage:必需,折旧末尾时的值(有时也称为资产残值)。该值可以是 0。

life:必需,资产的折旧期数(有时也称为资产的使用寿命)。

period:必需,需要计算折旧的期间,必须使用与 life 相同的单位。

factor:可选,余额递减速率。如果省略 factor,则假定其值为 2(双倍余额递减法)。

提示:

前期每年的折旧额=(原价-累计折旧额)×2÷预计使用年限

最后两年改成平均年限法后,要考虑预计净残值。

(4) 案例分析

天宇集团购置设备一台,价值 200 万元,预计使用年限为 5 年,预计净残值为 2 万元,请以年数总和法计算折旧。

操作步骤如下:

① 建立"双倍余额递减法折旧计算模型"工作表,如图 6-11 所示。

② 计算前 3 年的折旧额。在 B5 单元格输入公式"=DDB($A $3,$B $3,$C $3,1)",并向下填充复制到 B7 单元格。

③ 修改各个公式使用的年份。双击 B6 单元格,把公式中的最后一个参数 per 的值改为"2",即公式为"=DDB($A $3,$B $3,$C $3,2)",得到第 2 年的计算公式。按上述方法修改第 3 年的 per 的参数值,即公式为"=DDB($A $3:$B $3,$C $3,3)"。

④ 计算前 3 年的累计折旧,在 C5 单元格输入公式"=B5",在 C6 单元格输入公式"=C5+B6",并向下填充复制公式到 C9 单元格。

⑤ 用平均年限法计算最后两年的折旧。在 B8 单元格输入公式"=SLN($A $3-$C $7,$B $3,2)",并向下填充复制公式到 B9 单元格。

⑥ 计算净残值。在 B10 单元格输入公式"=A3-C9",得出净残值。计算结果如

图 6-11 所示。

	A	B	C
1	双倍余额递减法折旧计算模型		单位：万元
2	固定资产原值	预计净残值	预计使用年限
3	2,000,000	20,000	5
4	年限	计提折旧	累计折旧
5	1	800,000	800,000
6	2	480,000	1,280,000
7	3	288,000	1,568,000
8	4	206,000	1,774,000
9	5	206,000	1,980,000
10	净残值	20,000	

图 6-11

二、固定资产更新决策分析

1. 固定资产更新决策的含义

固定资产更新决策是指决定继续使用旧设备还是购买新设备,如果购买新设备,旧设备将以市场价格出售。这种决策的基本思路是：将继续使用旧设备视为一种方案,将购置新设备、出售旧设备视为另一种方案,并将这两个方案作为一对互斥方案按一定的方法来进行对比选优。如果前一方案优于后一方案,则不应更新改造,而继续使用旧设备；否则,应该购买新设备进行更新。

2. 固定资产更新决策的原因

固定资产更新决策的原因有两种：一是技术上的原因。如原有旧设备有故障或有损耗,继续使用有可能影响公司正常生产经营,或增加生产成本。二是经济上的原因。现代新技术日新月异,市场上出现的新设备能大大提升生产效率,降低生产成本。虽然旧设备仍能使用,但使用起来不经济,导致企业竞争不过其他使用新设备的企业。

3. 案例分析

天宇集团现有一台旧设备,原值 60 万元,预计可以使用 15 年,现已使用 6 年,最终残值 3 万元,变现价值 2.5 万元,年运行成本 1.2 万元。现考虑对该设备进行更新,新设备原值 82 万元,预计可以使用 20 年,残值 5 万元,年运行成本 10 万元,新、旧设备均按直线法折旧,要求的最低报酬率为 10%,所得税税率为 25%。请对该设备是否更新做出决策。

分析思路：通过比较新、旧设备的年平均成本,选择其中较低者作为最佳方案。

操作步骤如下：

① 建立"固定资产更新投资决策模型"工作表,如图 6-12 所示。

② 在 B11 单元格内输入公式"=SLN(B3,B6,B4)",然后向右填充复制到 C11 单元格,求得新、旧设备年折旧额。

③ 在 B12 单元格内输入公式"=B7-(B7-(B3-B11*B5))*B10",然后向右填充复制到 C12 单元格,求得新、旧设备的投资净值。

④ 在 B13 单元格内输入公式"=PV(B9,B4-B5,-B8*(1-B10))",然后复制到 C13 单元格,求得新、旧设备每年的税后付现成本净现值。

⑤ 在 B14 单元格内输入公式"=PV(B9,B4-B5,B12*B10)",然后复制到 C14 单元格,求得新、旧设备的折旧抵税额现值。

⑥ 在 B15 单元格内输入公式"=-B6/(1+B9)^(B4-B5)",然后复制到 C15 单元格,求得新、旧设备的最终残值现值。

⑦ 在 B16 单元格内输入公式"=SUM(B12:B15)",然后复制到 C16 单元格,求得合计数。

⑧ 在 B17 单元格内输入公式"=B16/PV(B9,B4-B5,-1)",然后复制到 C17 单元格,求得新、旧设备的年平均成本。

通过上述操作可知,旧设备的年平均成本为 126 996.96 元,新设备的年平均成本为 160 818.91 元,如图 6-12 所示。

	A	B	C
1	固定资产更新投资决策模型		单位:元
2	项目	旧设备	新设备
3	原值	600,000	820,000
4	预计使用年限	15	20
5	已经使用年限	6	0
6	最终残值	30,000	50,000
7	变现价值	250,000	820,000
8	年运行成本	120,000	100,000
9	最低报酬率	10%	10%
10	所得税率	25%	25%
11	年折旧额	38,000.00	38,500.00
12	设备投资净值	280,500.00	820,000.00
13	税后付现成本净现值	518,312.14	638,517.28
14	折旧抵税额现值	-54,710.73	-81,943.05
15	最终残值现值	-12,722.93	-7,432.18
16	合计	731,378.49	1,369,142.05
17	年平均成本	126,996.96	160,818.91

图 6-12

因此,应该继续使用旧设备。

任务三 证券投资分析

证券投资,是指企业为了获取预期的不确定性收益而购买资本证券,形成金融资产的经济活动。

按照证券投资对象选择的不同,证券投资大体上可划分为股票投资、债券投资、基金投资、证券组合投资等。

一、股票投资分析

股票是股份制企业发放给企业(股东)的投资入股、领取股息的书面凭证,属于资本市场上流通的一种有价证券。股票按不同特点可分为不同的类别,如按票面是否标明金额可分为面值股票和无面值股票,按企业拥有权利的不同可分为普通股票和优先股票等。

股票投资就是指企业或个人购买其他企业股票的一种投资行为。

1. 股票估价基本模型

(1) 含义

股票估价是通过一个特定技术指标与数学模型,估算出股票在未来一段时期的相对价格,也叫股票预期价格。

(2) 股票估价基本模型公式

投资者投资股票,不仅希望得到股利的收入,还希望在未来出售股票时,从股票价格的上涨中获得收益。那么股票的内在价值就等于持有期间所得股利的现值加最终转让该股票时转让价格的现值。

此时,股票估价基本模型公式为:

$$P_0 = \sum_{t=1}^{n} \frac{D_t}{(1+R_s)^t}$$

式中:P_0 为股票内在价值;

R_s 为投资者要求的收益率;

D_t 为第 t 期的预计股利;

n 为预计股票的持有期数。

2. 长期持有、股利零成长的股票估价模型

(1) 含义

零成长股票是指发行公司每年支付的每股股利额相等,也就是假设每年每股股利增长率为零。每股股利额表现为永续年金形式。

(2) 股票估价模型公式

$$P_0 = \frac{D}{R_s}$$

式中:P_0 为股票内在价值;

R_s 为投资者要求的收益率;

D 为预计每股股利。

(3) 案例分析

天宇集团准备在公开市场上购买甲公司普通股股票,已知甲公司目前股票市场价为8元,最近一期股息为1.5元,且预期保持稳定的股利支付金额,假定公司要求的收益率为10%,试判断天宇集团是否可以购买该公司股票。

操作步骤如下:

① 建立"股利(零增长)股票估价模型"工作表,如图6-13所示。

② 计算股票内在价值。在 B5 单元格输入公式"=B2/B3"。

③ 计算股票净现值。在 B6 单元格输入公式"=B5-B4"。

④ 计算内部报酬率。在 B7 单元格输入公式"=B5=B2/B4"。

⑤ 判断该股票是高估还是低估。在 B8 单元格输入公式"=IF(B6>0,"低估","高估")",计算结果是"低估",如图 6-13 所示。

	A	B
1	股利（零增长）股票估价模型	
2	每股股息（元）	1.5
3	收益率	10%
4	当前股价	8
5	内在价值	15.00
6	净现值	7.00
7	内部报酬率	18.75%
8	该股票高估或低估	低估

图 6-13

由计算可以得出，甲公司股票价格被低估，可以进行这项投资。

3. 长期持有、股利固定增长的股票估价模型

（1）含义

这类股票的估价有两个假设条件：一是股利按固定的年增长率增长；二是股利增长率总是低于投资者期望的增长率。股票的内在价值也是未来股利按投资者的收益率折成现值的总额。

（2）股票估价模型公式

$$P_0 = \frac{d_1}{R_s - g}$$

式中：P_0 为股票内在价值；

d_1 为第一年的股利；

g 为固定增长率；

R_s 为投资者要求的收益率。

（3）案例分析

天宇集团准备在公开市场上购买甲公司普通股股票，已知甲公司目前股票市场价为 35 元，当前每股股息为 1.6 元，预计股利增长率为 6%，假定公司要求的收益率为 12%，试判断天宇集团是否可以购买该公司股票。

操作步骤如下：

① 建立"股利（固定增长率）股票估价模型"工作表，如图 6-14 所示。

② 计算股票内在价值。在 B6 单元格输入公式"=B2*(1+B3)/(B4-B3)"。

③ 计算股票净现值。在 B7 单元格输入公式"=B6-B5"。

④ 计算内部报酬率。在 B8 单元格输入公式"=B2*(1+B3)/B5+B3"。

⑤ 判断该股票是高估还是低估。在 B9 单元格输入公式"=IF(B7>0,"低估","高估")",计算结果是"高估"，如图 6-14 所示。

	A	B
1	股利（固定增长率）股票估价模型	
2	当前每股股息（元）	1.6
3	股息增长率	6%
4	收益率	12%
5	当前股价	35
6	内在价值	28.27
7	净现值	-6.73
8	内部报酬率	10.85%
9	该股票高估或低估	高估

图 6-14

由计算可以得出，甲公司股票价格被高估，不应该进行这项投资。

4. 非固定增长的股票估价模型

（1）含义

大多数公司股票的股利并不都是固定不变或以固定比例增长的，而是处于不断变化之中，这种股票被称为"非固定增长股票"。这种股票由于在不同时期未来股利预期增长率不同，因此，其内在价值只能分段计算。先计算高速增长部分股利的现值，再计算固定增长部分股利的现值，两部分现值之和就是其内在价值。

（2）案例分析

乙公司为一家非固定成长型公司，该公司目前股价20元，近期支付每股股利为2元，预计前5年内将以每年20%的增长率增长，而此后将维持每年6%的固定增长率。该公司市场投资组合必要报酬率为15%。试问，天宇集团是否可以购买该公司股票？

在这种情况下要分段计算才能确定股票价值，操作步骤如下：

① 建立"股利（非固定增长率）股票估价模型"工作表，如图6-15所示。

	A	B	C	D
1	股利（非固定增长率）股票估价模型			单位：元
2	目前股价	20	年度	每年股利
3	前5年每年增长率	20%	0	2.00
4	第5年后每年固定增长率	6%	1	2.40
5	市场投资组合必要报酬率	15%	2	2.88
6	前5年股利的净现值		3	3.46
7	第5年后的股票价值		4	4.15
8	第5年后的股票价值的现值		5	4.98
9	乙公司预期股价现值		6	

图6-15

② 计算前5年非固定增长的股利。在D4单元格输入公式"=D3*(1+$B$3)"，并向下填充复制到D8单元格。

③ 计算前5年股利的净现值。在B6单元格输入公式"=NPV(B5,D4：D8)"，计算结果为11.38元。

④ 计算第6年的股利。在D9单元格输入公式"=D8*(1+B4)"，计算结果为5.28元。

⑤ 计算第5年后的股票价值。在B7单元格输入公式"=D9/(B5-B4)"，计算结果为58.61元。

⑥ 计算第5年后的股票价值的现值。在B8单元格输入公式"=PV(B5,5,-B7)"，计算结果为29.14元。

⑦ 计算乙公司预期股价现值。在B9单元格输入公式"=B6+B8"，计算结果为40.52元，如图6-16所示。

	A	B	C	D
1	股利（非固定增长率）股票估价模型			单位：元
2	目前股价	20	年度	每年股利
3	前5年每年增长率	20%	0	2.00
4	第5年后每年固定增长率	6%	1	2.40
5	市场投资组合必要报酬率	15%	2	2.88
6	前5年股利的净现值	11.38	3	3.46
7	第5年后的股票价值	58.61	4	4.15
8	第5年后的股票价值的现值	29.14	5	4.98
9	乙公司预期股价现值	40.52	6	5.28

图 6-16

从上面的计算可以分析出，因乙公司当前的股票价格为 20 元，低于其价值 40.52 元，所以，天宇集团目前可以购买该公司股票。

二、债券投资分析

1. 债券的含义及分类

债券是发行人直接向社会借债时所出具的债务证书，反映了债券投资者与债券发行人之间的一种债权债务关系，也是一种有价证券。

债券按其发行主体的不同可划分为政府债券、企业债券及金融债券三种。政府债券的发行主体是政府。它是指政府财政部门或其他代理机构为筹集资金，以政府名义发行的债券，主要包括国库券和公债两大类。一般国库券由财政部发行，用以弥补财政收支不平衡；公债是指为筹集建设资金而发行的一种债券。有时也将两者统称为公债。公司债券，在我国亦称企业债券，是企业对外举债的债务凭证，它承诺在一定时期内按一定条件还本付息。金融债券是金融机构作为发行人而发行的债券，目的是通过举债筹借资金，解决信贷资金短缺问题。金融债券的利率一般高于同期银行储蓄存款的利率。

2. 债券的价值与收益

债券价值是指进行债券投资时投资者预期可获得的现金流入的现值。债券的现金流入主要包括利息和到期收回的本金或出售时获得的现金两部分。当债券的购买价格低于债券价值时，才值得购买。

公式：债券价值＝未来各期利息收入的现值合计＋未来到期本金或售价的现值

3. 影响债券发行时价格的基本因素

债券的发行价格是指债券原始投资者购入债券时应支付的市场价格，它与债券的面值可能一致也可能不一致。理论上，债券发行价格是债券的面值和要支付的年利息按发行当时的市场利率折现所得到的现值。

（1）债券面值

债券面值即债券市面上标出的金额，企业可根据不同认购者的需要，使债券面值多样化，既有大额面值，也有小额面值。

（2）票面利率

票面利率可分为固定利率和浮动利率两种。一般地，企业应根据自身资信情况、公司承受能力、利率变化趋势、债券期限的长短等决定选择何种利率形式与利率的高低。

(3) 市场利率

市场利率是衡量债券票面利率高低的参照系,也是决定债券价格按面值发行还是溢价或折价发行的决定因素。

(4) 债券期限

期限越长,债权人的风险越大,其所要求的利息报酬就越高,其发行价格就可能较低。

4. 债券估价的基本方法

一般情况下的债券估价模型固定利率、每年计算并支付利息、到期归还本金。在此情况下,债券价值按复利方式计算。

(1) 债券价值模型

$$V = \sum_{t=1}^{n} I(F \times i)^{(1+k)t} + \frac{F}{(1+i)^{-n}}$$

式中:V 为债券价值;

i 为债券的票面利率;

F 为到期的本金;

k 为贴现率,一般采用当时的市场利率或投资人要求的最低报酬率;

n 为债券到期前的年数。

(2) 相关函数(PRICE 函数)

功能:返回定期付息的面值￥100 的有价证券的价格。

语法:PRICE(Y3ttlement,maturity,rate,yld,redemption,frequency,[basis])

参数说明:

Y3ttlement:必需,有价证券的结算日。有价证券结算日是在发行日之后,有价证券卖给购买者的日期。

maturity:必需,有价证券的到期日。到期日是有价证券有效期截止时的日期。

rate:必需,有价证券的年息票利率。

yld:必需,有价证券的年收益率。

redemption:必需,面值￥100 的有价证券的清偿价值。

frequency:必需,年付息次数。如果按年支付,frequency=1;按半年期支付,frequency=2;按季支付,frequency=4。

basis:可选,要使用的日计数基准类型。

提示:

Microsoft Excel 可将日期存储为可用于计算的序列号。默认情况下,1900 年 1 月 1 日的序列号是 1,而 2008 年 1 月 1 日的序列号是 39 448,这是因为它距 1900 年 1 月 1 日有 39 447 天。

结算日是购买者买入息票(如债券)的日期。到期日是息票有效期截止时的日期。例如,在 2008 年 1 月 1 日发行的 30 年期债券,6 个月后被购买者买走。则发行日为 2008 年 1 月 1 日,结算日为 2008 年 7 月 1 日,而到期日是在发行日 2008 年 1 月 1 日的 30 年后,即 2038 年 1 月 1 日。

(3) 案例分析

天宇集团计划 2017 年 5 月 1 日购进甲公司同日发行的面值为 100 元的债券 100 张，其票面利率为 8%，每年 5 月 1 日计算并支付一次利息，并于 5 年后的 4 月 30 日到期。假定当时的市场利率为 10%，目前，债券的市价是 90 元，请分析天宇集团是否可以购买该债券。

操作步骤如下：

① 建立"债券基本估价模型"工作表，如图 6-17 所示。

② 在相应单元格输入已知数据。

③ 计算每张债券的估价。在 B10 单元格输入公式"=PRICE(B3,B4,B5,B6,B7,B8,B9)"，计算结果为 92.42 元，如图 6-17 所示。

	A	B
1	债券基本估价模型	单位：元
2	参　数	数据
3	发行日期	2017/5/1
4	到期日期	2022/4/30
5	票面利率	8.00%
6	收益率	10.00%
7	清偿价值	100
8	每年付息次数	1
9	以 30/360 为日计数基	0
10	每张债券估价	92.42

图 6-17

由于债券的估价大于市价，如果不考虑风险问题，购买此债券是合算的，天宇集团可以购买此债券。

5. 债券收益率的计算

为了精确衡量债券收益，一般使用债券收益率这个指标。债券收益率是债券收益与其投入本金的比率，通常用年收益率表示。债券收益不同于债券利息。债券利息仅指债券票面利率与债券面值的乘积。但由于人们在债券持有期内，还可以在债券市场进行买卖，赚取价差，因此，债券收益除利息收入外，还包括买卖盈亏差价。

决定债券收益率的主要因素有债券的票面利率、期限、面值和购买价格。

(1) 计算公式

最基本的债券收益率计算公式为：

债券收益率=(到期本息和-发行价格)÷(发行价格×偿还期限)×100%

由于债券持有人可能在债券偿还期内转让债券，因此，债券的收益率还可以分为债券出售者的收益率、债券购买者的收益率和债券持有期间的收益率。各自的计算公式如下：

债券出售者的收益率=(卖出价格-发行价格+持有期间的利息)÷(发行价格×持有年

限)×100%

债券购买者的收益率=(到期本息和−买入价格)÷(买入价格×剩余期限)×100%

债券持有期间的收益率=(卖出价格−买入价格+持有期间的利息)÷(买入价格×持有年限)×100%

(2) 相关函数(YIELD 函数)

功能：返回定期支付利息的债券的收益。函数 YIELD 用于计算债券收益率。

语法：YIELD(Y3ttlement,maturity,rate,pr,redemption,frequency,[basis])

参数说明：

Y3ttlement：必需,有价证券的结算日。有价证券结算日是在发行日之后,有价证券卖给购买者的日期。

maturity：必需,有价证券的到期日。到期日是有价证券有效期截止时的日期。

rate：必需,有价证券的年息票利率。

pr：必需,有价证券的价格(按面值为￥100 计算)。

redemption：必需,面值￥100 的有价证券的清偿价值。

frequency：必需,年付息次数。如果按年支付,frequency=1;按半年期支付,frequency=2;按季支付,frequency=4。

basis：可选,要使用的日计数基准类型。

提示：

Microsoft Excel 可将日期存储为可用于计算的序列号。

结算日是购买者买入息票(如债券)的日期。

(3) 案例分析

乙公司 2017 年 6 月 1 日发行面值为 100 元的债券,其票面利率为 5.75%,每年 1 月 1 日和 7 月 1 日计算并支付利息,期限为 8 年。目前,债券的市场价是 92 元,请计算该债券的收益率。

操作步骤如下：

① 建立"债券收益率计算模型"工作表,如图 6-18 所示。

② 在相应单元格输入已知数据。

③ 计算债券收益率。在 B10 单元格输入公式" = YIELD(B3,B4,B5,B6,B7,B8,B9)",计算结果为 7.08%,如图 6-18 所示。

	A	B
1	债券收益率计算模型	单位：元
2	参　数	数据
3	发行日期	2017/6/1
4	到期日期	2025/5/31
5	票面利率	5.75%
6	发行价	92
7	清偿价值	100
8	每年付息次数	2
9	以 30/360 为日计数基	0
10	债券收益率	7.08%

图 6-18

实践训练六

一、投资决策指标的应用

1. 静态回收期的计算

恒达公司有一个项目投资方案,初始投资 2 000 万元,期限 5 年,每年年末的现金流量如图 6-19 所示。请计算该方案静态投资回收期。

静态投资回收期基础资料　　　　　　　　　　单位:万元

时期	0	1	2	3	4	5
净现金流	-1500	600	400	400	300	300

图 6-19

2. 净现值法的计算

恒达公司计划购进一台价值 500 万元的设备进行更新,有效期 5 年,资本成本率为 8%,经营期各年的税后净现金流量如图 6-20 所示。

净现值计算资料　　　　　　　　　　单位:万元

期间	0	1	2	3	4	5
税后净现金流	-500	200	150	200	100	100

图 6-20

3. 内含报酬率的计算

恒达公司现有 A、B、C、D 四个投资方案,现金流量及相关资料如图 6-21 所示。请运用内含报酬率分析 A、B、C、D 四个投资方案哪个最佳。

内含报酬率基础数据　　　　　　　　　　单位:万元

	A方案	B方案	C方案	D方案	
初始投资额	400	550	350	500	
年份	0	1	2	3	4
A现金流量	-400	120	100	130	120
B现金流量	-550	150	150	160	145
C现金流量	-350	100	100	110	95
D现金流量	-500	140	150	160	155

图 6-21

二、固定资产投资分析

1. 固定资产折旧的计算

恒达公司 2017 年 4 月购置一台设备并安装使用，价值 450 万元，预计使用年限为 5 年，预计净残值为 13.5 万元。请分别以平均年限法、年数总和法、双倍余额递减法计算提取折旧，并分析不同的折旧方法对当年损益的影响。

2. 固定资产更新决策分析

恒达公司有一台旧设备，原值 30 万元，现计划对该设备进行更新，新设备原值 40 万元，具体资料如图 6-22 所示。请对该设备是否更新做出决策。

固定资产更新基础资料		单位：元
项目	旧设备	新设备
原值	300,000	400,000
预计使用年限	10	25
已经使用年限	8	0
最终残值	9,000	12,000
变现价值	60,000	400,000
年运行成本	100,000	75,000
最低报酬率	10%	10%
所得税率	25%	25%

图 6-22

三、证券投资分析

1. 股票投资分析

（1）恒达公司计划在公开市场上购买 A 公司普通股股票。已知 A 公司目前股票市场价为 12 元，最近一期股息为 0.8 元，且预期保持稳定的股利支付金额。假定公司要求的收益率为 8%，试判断恒达公司是否可以购买该公司股票。

（2）恒达公司计划在公开市场上购买 B 公司普通股股票。已知 B 公司目前股票市场价为 28 元，当前每股股息为 1.7 元，预计股利增长率为 5%。假定公司要求的收益率为 10%，试判断恒达公司是否可以购买该公司股票。

2. 债券投资分析

恒达公司计划 2017 年 1 月 1 日购进甲公司同日发行的面值为 100 元的债券 100 张，其票面利率为 7%，每年 1 月 1 日计算并支付一次利息，并于 5 年后的 1 月 1 日到期。假定当时的市场利率为 10%，目前债券的市价为 95 元，请分析恒达公司是否可以购买该债券。

Excel 在财务分析中的应用

学习目的

理解财务比率分析、财务趋势分析以及财务综合分析的具体内容及指标的含义,掌握在 Excel 系统中财务比率分析及趋势分析的方法及计算模型的设计,能综合运用各项指标进行财务数据的综合分析。

任务一 财务分析概述

一、相关知识

财务分析是在现行会计准则、会计制度、税收法规体系下,以会计核算和报表资料及其他相关资料为依据,采用一系列专门的分析技术和方法,对企业等经济组织过去和现在有关筹资活动、投资活动、经营活动、分配活动的盈利能力、营运能力、偿债能力和发展能力等状况进行分析与评价的经济管理活动。

1. 财务分析的内涵

① 财务分析是在企业经济分析、财务管理和会计基础上发展形成的一门综合性、边缘性学科。

② 财务分析有完整的理论体系,从财务分析的内涵、财务分析的目的、财务分析的作用、财务分析的内容,到财务分析的原则、财务分析的形式、财务分析的组织等,都日趋成熟。

③ 财务分析有健全的方法论体系,如水平分析法、垂直分析法、趋势分析法、比率分析法等都是财务分析的专门和有效的分析方法。

④ 财务分析有系统客观的资料依据,最基本的资料是财务报表。财务分析使用的数据大部分来源于企业的财务报表。财务报表主要有资产负债表、利润表、现金流量表等。

2. 财务分析的作用

财务分析对不同的信息使用者具有不同的作用。具体说来主要体现在如下方面:

① 可以判断企业的财务实力。通过对资产负债表和利润表等有关资料进行分析,计算相关指标,可以了解企业的资产结构和负债水平是否合理,从而判断企业的偿债能力、营运能力及获利能力等财务实力,揭示企业在财务状况方面可能存在的问题。

② 可以评价和考核企业的经营业绩,揭示财务活动存在的问题。通过对指标的计

算、分析和比较,能够评价和考核企业的盈利能力和资产周转状况,揭示其经营管理各个方面和各个环节的问题,找出差距,得出分析结论。

③ 可以挖掘企业潜力,寻求提高企业经营管理水平和经济效益的途径。企业进行财务分析的目的不仅仅是发现问题,更重要的是分析问题和解决问题。通过财务分析,应保持和进一步发挥生产经营管理中的优势,对存在的问题应提出解决的策略和措施,以达到扬长避短,提高经营管理水平和经济效益的目的。

④ 可以评价企业的发展趋势。通过各种财务分析,可以判断企业的发展趋势,预测其生产经营的前景及偿债能力,从而为企业领导层进行生产经营决策、投资者进行投资决策和债权人进行信贷决策提供重要的依据,避免因决策错误给其带来重大的损失。

3. 财务分析的方法

(1) 比较分析法

财务报表的比较分析法,是指对两个或两个以上的财务数据进行对比,找出企业财务状况、经营成果中存在的差异与问题。根据比较对象的不同,比较分析法分为趋势分析法、横向比较法和预算差异分析法。比较分析法的具体运用主要有重要财务指标的比较、会计报表的比较和会计报表项目构成的比较三种方式。

(2) 比率分析法

比率分析法是通过计算各种比率指标来确定财务活动变动程度的方法。比率指标的类型主要有构成比率、效率比率和相关比率三类。

(3) 因素分析法

因素分析法是依据分析指标与其影响因素的关系,从数量上确定各因素对分析指标影响方向和影响程度的一种方法。因素分析法具体有两种:连环替代法和差额分析法。

二、财务指标分析

1. 偿债能力指标

偿债能力指标是一个企业财务管理的重要指标,是指企业偿还到期债务(包括本息)的能力。偿债能力指标包括短期偿债能力指标和长期偿债能力指标。

(1) 短期偿债能力指标

① 流动比率。

公式:流动比率=流动资产合计÷流动负债合计

企业设置的标准值一般是2。

说明:流动比率体现企业偿还短期债务的能力。流动资产越多,短期债务越少,则流动比率越大,企业的短期偿债能力越强。

分析提示:流动比率低于正常值,企业的短期偿债风险较大。一般情况下,营业周期、流动资产中的应收账款数额和存货的周转速度是影响流动比率的主要因素。

② 速动比率。

公式:速动比率=速动资产÷流动负债合计

企业设置的标准值:1

说明:速动资产包括货币资金、短期投资、应收票据、应收账款,可以在较短时间内变现。速动比率比流动比率更能体现企业偿还短期债务的能力,因为流动资产中,尚包括变现速度较慢且可能已贬值的存货，因此将流动资产扣除存货再与流动负债对比，以衡量企业的短期偿债能力。

分析提示：企业的速动比率低于1，通常被认为是短期偿债能力偏低。影响速动比率的可信性的重要因素是应收账款的变现能力，账面上的应收账款不一定都能变现，也不一定非常可靠。

（2）长期偿债能力指标

① 资产负债率。

公式：资产负债率=（负债总额÷资产总额）×100%

企业设置的标准值：0.7

说明：资产负债比率是反映债权人提供的资本占全部资本的比例。该指标也被称为举债经营比率。

分析提示：资产负债比率越大，企业面临的财务风险越大，获取利润的能力也越强。如果企业资金不足，依靠欠债维持，导致资产负债率特别高，就应该特别注意偿债风险了。资产负债率在60%～70%，比较合理、稳健；达到85%及以上时，应视为发出预警信号，企业应引起足够的注意。

② 产权比率。

公式：产权比率=（负债总额÷股东权益）×100%

企业设置的标准值：1.2

说明：产权比率反映债权人与股东提供的资本的相对比例。该指标反映企业的资本结构是否合理、稳定，同时也表明债权人投入资本受到股东权益保障的程度。

分析提示：一般说来，产权比率高代表高风险、高报酬的财务结构，产权比率低代表低风险、低报酬的财务结构。从股东来说，在通货膨胀时期，企业举债，可以将损失和风险转移给债权人；在经济繁荣时期，举债经营可以获得额外的利润；在经济萎缩时期，少借债可以减少利息负担和财务风险。

③ 有形净值债务率。

公式：有形净值债务率=[负债总额÷（股东权益−无形资产净值）]×100%

企业设置的标准值：1.5

说明：有形净值债务率是产权比率指标的延伸，更为谨慎、保守地反映在企业清算时债权人投入的资本受到股东权益保障的程度。该指标不考虑无形资产（包括商誉、商标、专利权以及非专利技术等）的价值，因为它们不一定能用来还债，为谨慎起见，一律视为不能偿债。

分析提示：从长期偿债能力看，较低的比率说明企业有良好的偿债能力，举债规模正常。

④ 已获利息倍数。

公式：已获利息倍数=息税前利润总额÷利息支出

公式中的息税前利润总额＝企业的净利润+企业支付的利息费用+企业支付的所得税。

说明：已获利息倍数指上市公司息税前利润相对于所需支付债务利息的倍数，可用来分析公司在一定盈利水平下支付债务利息的能力，为负值时没有任何意义。

分析提示：一般情况下，已获利息倍数越高，企业长期偿债能力越强。

2. 营运能力指标

营运能力是指企业的经营运行能力，即企业运用各项资产赚取利润的能力。

（1）存货周转率

公式：存货周转率＝产品销售成本÷[（期初存货＋期末存货）÷2]

企业设置的标准值：3

说明：存货周转率是存货周转速度的主要指标。提高存货周转率，缩短营业周期，可以提高企业的变现能力。

分析提示：存货周转速度反映存货管理水平，存货周转率越高，存货的占用水平越低，流动性越强，存货转换为现金或应收账款的速度越快。它不仅影响企业的短期偿债能力，也是整个企业管理的重要内容。

（2）存货周转天数

公式：存货周转天数＝360÷存货周转率＝[360×（期初存货＋期末存货）÷2]÷产品销售成本

企业设置的标准值：120

说明：存货周转天数是指企业购入存货、投入生产到销售出去所需要的天数。提高存货周转率，缩短营业周期，可以提高企业的变现能力。

分析提示：存货周转速度反映存货管理水平，存货周转速度越快，存货的占用水平越低，流动性越强，存货转换为现金或应收账款的速度越快。它不仅影响企业的短期偿债能力，也是整个企业管理的重要内容。

（3）应收账款周转率

公式：应收账款周转率＝销售收入÷[（期初应收账款＋期末应收账款）÷2]

企业设置的标准值：3

说明：应收账款周转率越高，说明其收回越快；反之，说明营运资金过多呆滞在应收账款上，影响正常资金周转及偿债能力。

分析提示：应收账款周转率要与企业的经营方式结合考虑。以下几种情况使用该指标不能反映实际情况：第一，季节性经营的企业；第二，大量使用分期收款结算方式；第三，大量使用现金结算的销售；第四，年末大量销售或年末销售大幅度下降。

（4）应收账款周转天数

公式：应收账款周转天数＝360÷应收账款周转率＝(期初应收账款＋期末应收账款)÷2]÷销售收入

企业设置的标准值：100

说明：应收账款周转天数越少，说明其收回越快；反之，说明营运资金过多呆滞在应收账款上，影响正常资金周转及偿债能力。

分析提示：应收账款周转天数要与企业的经营方式结合考虑。以下几种情况使用该指标不能反映实际情况：第一，季节性经营的企业；第二，大量使用分期收款结算方式；第三，大量使用现金结算的销售；第四，年末大量销售或年末销售大幅度下降。

（5）流动资产周转率

公式：流动资产周转率＝营业收入÷平均流动资产总额

平均流动资产总额是指企业流动资产总额的年初数与年末数的平均值。

说明：流动资产周转率反映了企业流动资产的周转速度，是从企业全部资产中流动性最强的流动资产角度对企业资产的利用效率进行分析，以进一步揭示影响企业资产质量的主要因素。

分析提示：一般情况下，该指标越高，表明企业流动资产周转速度越快，利用越好。在较快的周转速度下，流动资产会相对节约，相当于流动资产投入的增加，在一定程度上增强了企业的盈利能力；而周转速度慢，则需要补充流动资金参加周转，会形成资金浪费，降低企业盈利能力。

（6）总资产周转率

公式：总资产周转率＝营业收入÷平均资产总额

平均资产总额是指企业资产总额年初数与年末数的平均值。

说明：总资产周转率是考察企业资产运营效率的一项重要指标，体现了企业经营期间全部资产从投入到产出的流转速度，反映了企业全部资产的管理质量和利用效率。

分析提示：一般情况下，该指标越高，表明企业总资产周转速度越快，销售能力越强，资产利用效率越高。

3. 盈利能力指标

盈利能力就是企业赚取利润的能力。不论是投资人还是债务人，都非常关心这个指标。在分析盈利能力时，应当排除证券买卖等非正常项目、已经或将要停止的营业项目、重大事故或法律更改等特别项目、会计政策和财务制度变更带来的累积影响数等因素。

（1）销售净利率

公式：销售净利率＝净利润÷销售收入×100%

企业设置的标准值：0.1

说明：该指标反映每一元销售收入带来的净利润是多少，表示销售收入的收益水平。

分析提示：企业在增加销售收入的同时，必须相应获取更多的净利润才能使销售净利率保持不变或有所提高。销售净利率可以分解成为销售毛利率、销售税金率、销售成本率、销售期间费用率等指标进行分析。

（2）销售毛利率

公式：销售毛利率＝[（销售收入－销售成本）÷销售收入]×100%

企业设置的标准值：0.15

说明：该指标表示每一元销售收入扣除销售成本后，有多少钱可以用于各项期间费用和形成盈利。

分析提示：销售毛利率是企业销售净利率的基础，没有足够大的销售毛利率便不能形成盈利。企业可以按期分析销售毛利率，据以对企业销售收入、销售成本的发生及配比情况做出判断。

（3）营业利润率

公式：营业利润率＝营业利润÷营业收入×100%

说明：营业利润＝营业收入（主营业务收入＋其他业务收入）－营业成本（主营业务成本＋其他业务成本）－营业税金及附加－管理费用－销售费用－财务费用－资产减值损失＋公

允价值变动收益(损失为负)+投资收益(损失为负)

分析提示：营业利润率越高，说明企业商品销售额提供的营业利润越多，企业的盈利能力越强；反之，此比率越低，说明企业盈利能力越弱。

(4) 资产净利率(总资产报酬率)

公式：资产净利率=净利润÷[(期初资产总额+期末资产总额)÷2]×100%

企业设置的标准值根据实际情况而定。

说明：该指标把企业一定期间的净利润与企业的资产相比较，表明企业资产的综合利用效果。指标越高，表明资产的利用效率越高，说明企业在增加收入和节约资金等方面取得了良好的效果，否则相反。

分析提示：资产净利率是一个综合指标。净利的多少与企业资产的多少、资产的结构、经营管理水平有着密切的关系。影响资产净利率高低的因素有：产品的价格、单位产品成本的高低、产品的产量和销售的数量、资金占用量的大小。可以结合杜邦财务分析体系来分析经营中存在的问题。

(5) 净资产收益率(权益报酬率)

公式：净资产收益率=净利润÷[(期初所有者权益合计+期末所有者权益合计)÷2]×100%

企业设置的标准值：0.08

说明：净资产收益率又称股东权益报酬率、净值报酬率、权益报酬率、权益利润率、净资产利润率，是净利润与平均股东权益的百分比，是公司税后利润除以净资产得到的百分比率。

分析提示：该指标反映股东权益的收益水平，用以衡量公司运用自有资本的效率。指标值越高，说明投资带来的收益越高。该指标体现了自有资本获得净收益的能力。一般来说，负债增加会导致净资产收益率的上升。

任务二　Excel 在比率分析中的应用

财务比率分析是财务报表分析中的重要内容。利用 Excel 建立各种分析表的模型，进行各种财务比率的计算和分析，方法简单，直观实用。下面就以天宇集团为例，制作 2015、2016 年度的会计报表并进行财务比率分析。

一、财务比率分析表模型制作

① 建立"财务分析表"工作簿，并建立"资产负债表"工作表，如图 7-1 所示。其中，合计项目用 SUM 函数求得。

	A	B	C	D	E	F
1		资产负债表				
2	编制单位：天宇集团		2016年12月31日		单位：万元	
3	资　　产	期末余额	年初余额	负债和所有者权益	期末余额	年初余额
4	流动资产：			流动负债：		
5	货币资金	900	800	短期借款	2,300	2,000
6	交易性金融资产	500	1,000	应付账款	1,200	1,000
7	应收账款	1,300	1,200	预收账款	400	300
8	预付账款	70	40	其他应付款	100	100
9	存　　货	5,200	4,000	流动负债合计	4,000	3,400
10	其他流动资产	80	60	非流动负债：		
11	流动资产合计	8,050	7,100	长期借款	2,500	2,000
12	非流动资产：			非流动负债合计	2,500	2,000
13	持有至到期投资	400	400	负债合计	6,500	5,400
14	固定资产	14,000	12,000	所有者权益：		
15	无形资产	550	500	实收资本(或股本)	12,000	12,000
16	非流动资产合计	14,950	12,900	盈余公积	1,600	1,600
17				未分配利润	2,900	1,000
18				所有者权益合计	16,500	14,600
19	资产总计	23,000	20,000	负债及所有者权益合计	23,000	20,000

图 7-1

② 建立"利润表"工作表，如图 7-2 所示。其中，有些项目用公式求得。

	A	B	C
1		利润表	
2	编制单位：天宇集团　　2016　年度		单位：万元
3	项　　目	本期金额	上期金额
4	一、营业收入	21,200	18,800
5	减：营业成本	12,400	10,900
6	营业税金及附加	1,200	1,080
7	销售费用	1,900	1,620
8	管理费用	1,000	800
9	财务费用	300	200
10	加：投资收益	300	300
11	二、营业利润	4,700	4,500
12	加：营业外收入	150	100
13	减：营业外支出	650	600
14	三、利润总额	4,200	4,000
15	减：所得税费用	1,050	1,000
16	五、净利润	3,150	3,000

图 7-2

③ 建立"财务比率分析模型"工作表，如图 7-3 所示。

◆ 偿债能力。

从流动比率、速动比率、资产负债率、产权比率、有形资产债务率等几个指标进行分析。

◆ 营运能力。

从存货周转率、应收账款周转率、流动资产周转率、总资产周转率等几个指标进行分析。

◆ 盈利能力。

从营业利润率、总资产报酬率、净资产收益率等几个指标进行分析。

	A	B
1		财务比率分析模型
2	项目	公式说明
3	一、偿债能力	
4	流动比率	流动资产/流动负债
5	速动比率	（货币资金+交易性金融资产+应收账款+应收票据）/流动负债
6	资产负债率	负债总额/资产总额
7	产权比率	负债总额/所有者权益总额
8	有形资产债务率	负债总额/（所有者权益-无形资产净值）
9	已获利息倍数	息税前利润/利息费用
10	二、营运能力	
11	存货周转率	营业成本/平均存货
12	应收账款周转率	营业收入/平均应收账款
13	流动资产周转率	营业收入/平均流动资产
14	总资产周转率	营业收入/平均资产总额
15	三、盈利能力	
16	营业利润率	营业利润/营业收入
17	总资产报酬率	息税前利润/平均资产总额
18	净资产收益率	净利润/平均净资产

图 7-3

二、财务比率分析

① 根据"财务比率分析模型"工作表建立"财务比率分析表"工作表，并在相应单元格输入公式，如图 7-4 所示。

◆ 偿债能力。

在 B4 单元格内输入公式"=资产负债表!B11/资产负债表!E9"。

在 B5 单元格内输入公式"=(资产负债表!B5+资产负债表!B6+资产负债表!B7)/资产负债表!E9"。

在 B6 单元格内输入公式"=资产负债表!E13/资产负债表!B19"。

在 B7 单元格内输入公式"=资产负债表!E13/资产负债表!E18"。

在 B8 单元格内输入公式"=资产负债表!E13/(资产负债表!E18-资产负债表!B15)"。

在 B9 单元格内输入公式"=(利润表!B14+利润表!B9)/利润表!B9"。

◆ 营运能力。

在 B11 单元格内输入公式"=利润表!B5/((资产负债表!B9+资产负债表!C9)/2)"。

在 B12 单元格内输入公式"=利润表!B4/((资产负债表!B7+资产负债表!C7)/2)"。

在 B13 单元格内输入公式"=利润表!B4/((资产负债表!B11+资产负债表!C11)/2)"。

在 B14 单元格内输入公式"=利润表!B4/((资产负债表!B19+资产负债表!C19)/2)"。

◆ 盈利能力。

在 B16 单元格内输入公式"=利润表!B11/利润表!B4"。

在 B17 单元格内输入公式"=(利润表!B14+利润表!B9)/((资产负债表!B19+资产负债表!C19)/2)"。

在 B18 单元格内输入公式"=利润表!B16/((资产负债表!E18+资产负债表!F18)/2)"。

② 输入公式后,系统计算出各个比率的数值,结果如图 7-4 所示。

	A	B	C
1		财务比率分析表	
2	项目	2016年	公式数据引用说明
3	一、偿债能力		
4	流动比率	2.01	资产负债表!B11/资产负债表!E9
5	速动比率	0.68	(资产负债表!B5+资产负债表!B6+资产负债表!B7)/资产负债表!E9
6	资产负债率	28.26%	资产负债表!E13/资产负债表!B19
7	产权比率	39.39%	资产负债表!E13/资产负债表!E18
8	有形资产债务率	40.75%	资产负债表!E13/(资产负债表!E18-资产负债表!B15)
9	已获利息倍数	15.00	(利润表!B14+利润表!B9)/利润表!B9
10	二、营运能力		
11	存货周转率	2.70	利润表!B5/((资产负债表!B9+资产负债表!C9)/2)
12	应收账款周转率	16.96	利润表!B4/((资产负债表!B7+资产负债表!C7)/2)
13	流动资产周转率	2.80	利润表!B4/((资产负债表!B11+资产负债表!C11)/2)
14	总资产周转率	0.99	利润表!B4/((资产负债表!B19+资产负债表!C19)/2)
15	三、盈利能力		
16	营业利润率	22.17%	利润表!B11/利润表!B4
17	总资产报酬率	20.93%	(利润表!B14+利润表!B9)/((资产负债表!B19+资产负债表!C19)/2)
18	净资产收益率	20.26%	利润表!B16/((资产负债表!E18+资产负债表!F18)/2)

图 7-4

③ 建立"财务比率对照分析表"工作表,在 B 列相应单元格输入同行业标准财务比率指标,与本企业的财务比率指标进行对照分析,找出差异。通过差异,发现企业存在的问题,进而提出改进措施,做出预测和决策。同时也可以给出一定的结论,如在"结论"列中相应单元格中输入公式"=IF(AND(D4>0,D4<2),"正常","异常,请关注")",给出一定的提示信息,可以为报表使用者提供直观的参考意见,引起重视。结果如图 7-5 所示。

	A	B	C	D	E
1	财务比率对照分析表				
2	编制单位：天宇集团			2016	年度
3	项目	标准财务比率	企业财务比率	差异	结论
4	流动比率	2.00	2.01	0.01	正常
5	速动比率	1.00	0.68	-0.33	异常，请关注
6	资产负债率	20.00%	28.26%	0.08	正常
7	已获利息倍数	2.46	0.39	-2.07	异常，请关注
8	应收账款周转率	8.58	16.96	8.38	异常，请关注
9	营业利润率	25.00%	22.17%	-0.03	异常，请关注
10	总资产周转率	20.00%	20.93%	0.01	正常
11	净资产收益率	15.00%	20.26%	0.05	正常

图 7-5

任务三　Excel 在趋势分析中的应用

一、趋势分析法概述

1. 趋势分析法的含义

趋势分析法又叫比较分析法、水平分析法，它是以财务报表中各类数据为依据，将两期或多期连续的相同指标或比率进行定基对比和环比对比，得出它们的增减变动方向、数额和幅度，以揭示企业财务状况、经营情况和现金流量变化趋势的一种分析方法。

2. 趋势分析的具体方法

（1）定基百分比趋势分析

定基百分比趋势分析即用某一时期的数值作为固定的基期指标数值，将其他的各期数值与其对比来分析。其计算公式：定基动态比率＝分析期数值÷固定基期数值。

（2）多期比较分析

会计报表的比较是将连续数期的会计报表金额并列起来，比较其相同指标的增减变动金额和幅度，据以判断企业财务状况和经营成果发展变化的一种方法。运用该方法进行比较分析时，最好是既计算有关指标增减变动的绝对值，又计算其增减变动的相对值。这样可以有效地避免分析结果的片面性。

（3）结构百分比分析

结构百分比分析是在会计报表比较的基础上发展而来的，它是以会计报表中的某个总体指标为100%，计算出其各组成项目占该总体指标的百分比，从而比较各个项目百分比的增减变动，以此判断有关财务活动的变化趋势。这种方式较前两种更能准确地分析企业财务活动的发展趋势。它既可用于同一企业不同时期财务状况的纵向比较，又可用于不同企业之间的横向比较。同时，这种方法还能消除不同时期（不同企业）之间业务规模差异的影响，有利于分析企业的耗费和盈利水平，但计算较为复杂。

二、趋势分析法的应用

采用趋势分析法通常要编制比较会计报表。沿用上一节中企业的会计报表数据资料,将常规的会计报表转换为结构百分比报表。具体操作步骤如下:

1. 比较资产负债表

① 打开"财务分析表"工作簿,复制"资产负债表",并命名为"比较资产负债表"。

② 添加2014年和2015年资产负债表的相关数据。

③ 把工作表中"资产总计"作为总体指标,占比100%,把资产的每个项目与"资产总计"相比,输入公式。如在C5单元格中输入公式"=B5/$B$19",并把该公式向下填充复制,得出资产中每个项目的占比。

④ 把工作表中"负债及所有者权益合计"作为总体指标,占比100%,把负债及所有者权益的每个项目与"负债及所有者权益合计"相比,输入公式。如在J5单元格中输入公式"=I5/$I$19",并把该公式向下填充复制,得出负债及所有者权益中每个项目的占比。

⑤ 把上述方法应用到2015年和2014年相应的单元格中,得出相应的数据,如图7-6所示。

	A	B	C	D	E	F	G	H	I	J	K	L	M	N
1						比较资产负债表								
2	编制单位:天宇集团								2016年12月31日				单位:万元	
3	资产	2016	占比	2015	占比	2014	占比	负债和所有者权益	2016	占比	2015	占比	2014	占比
4	流动资产:							流动负债:						
5	货币资金	900	3.91%	800	4.00%	750	4.08%	短期借款	2,300	10.00%	2,000	10.00%	1,150	6.25%
6	交易性金融资产	500	2.17%	1,000	5.00%	750	4.08%	应付账款	1,200	5.22%	1,000	5.00%	1,100	5.98%
7	应收账款	1,300	5.65%	1,200	6.00%	1,250	6.79%	预收账款	400	1.74%	300	1.50%	350	1.90%
8	预付账款	70	0.30%	40	0.20%	55	0.30%	其他应付款	100	0.43%	100	0.50%		0.00%
9	存货	5,200	22.61%	4,000	20.00%	4,100	22.28%	流动负债合计	4,000	17.39%	3,400	17.00%	2,600	14.13%
10	其他流动资产	80	0.35%	60	0.30%			非流动负债:						
11	流动资产合计	8,050	35.00%	7,100	35.50%	6,975	37.91%	长期借款	2,500	10.87%	2,000	10.00%	2,250	12.23%
12	非流动资产:							非流动负债合计	2,500	10.87%	2,000	10.00%	2,250	12.23%
13	持有至到期投资	400	1.74%	400	2.00%	400	2.17%	负债合计	6,500	28.26%	5,400	27.00%	4,850	26.36%
14	固定资产	14,000	60.87%	12,000	60.00%	10,500		所有者权益:						
15	无形资产	550	2.39%	500	2.50%	525	2.85%	实收资本(或股本)	12,000	52.17%	12,000	60.00%	10,000	54.35%
16	非流动资产合计	14,950	65.00%	12,900	64.50%	11,425	62.09%	盈余公积	1,600	6.96%	1,600	8.00%	1,600	8.70%
17								未分配利润	2,900	12.61%	1,000	5.00%	1,950	10.60%
18								所有者权益合计	16,500	71.74%	14,600	73.00%	13,550	73.64%
19	资产总计	23,000	100.00%	20,000	100.00%	18,400	100.00%	负债及所有者权益合计	23,000	100.00%	20,000	100.00%	18,400	100.00%

图7-6

2. 比较利润表

① 打开"财务分析表"工作簿,复制"利润表",并命名为"比较利润表"。

② 添加2014年和2015年利润表的相关数据。

③ 把工作表中"营业收入"作为总体指标,占比100%,把利润表的每个项目与"营业收入"相比,输入公式。如在C5单元格中输入公式"=B5/$B$4",并把该公式向下填充复制,得出利润表中每个项目的占比。

④ 把上述方法应用到2015年和2014年相应的单元格中,得出相应的数据,如图7-7所示。

	A	B	C	D	E	F	G
1				比较利润表			
2	编制单位：天宇集团		2016 年度		单位：万元		
3	项 目	2016	占比	2015	占比	2014	占比
4	一、营业收入	21,200	100.00%	18,800	100.00%	17,500	100.00%
5	减：营业成本	12,400	58.49%	10,900	57.98%	10,800	61.71%
6	营业税金及附加	1,200	5.66%	1,080	5.74%	1,140	6.51%
7	销售费用	1,900	8.96%	1,620	8.62%	1,760	10.06%
8	管理费用	1,000	4.72%	800	4.26%	900	5.14%
9	财务费用	300	1.42%	200	1.06%	250	1.43%
10	加：投资收益	300	1.42%	300	1.60%	500	2.86%
11	二、营业利润	4,700	22.17%	4,500	23.94%	3,150	18.00%
12	加：营业外收入	150	0.71%	100	0.53%	200	1.14%
13	减：营业外支出	650	3.07%	600	3.19%	500	2.86%
14	三、利润总额	4,200	19.81%	4,000	21.28%	2,850	16.29%
15	减：所得税费用	1,050	4.95%	1,000	5.32%	713	4.07%
16	五、净利润	3,150	14.86%	3,000	15.96%	2,138	12.21%

图 7-7

比较资产负债表和比较利润表的计算结果可以用于分析该企业的资产、负债和所有者权益以及利润的变化趋势，同时也可以用于分析采取何种有效措施改善企业的财务状况和财务成果。

任务四　Excel 在杜邦分析中的应用

一、杜邦分析法概述

1. 杜邦分析法的含义

杜邦分析法是利用几种主要财务比率之间的关系来综合分析企业财务状况的方法。具体来说，它是一种用来评价公司赢利能力和股东权益回报水平，从财务角度评价企业绩效的经典方法。其基本思想是将企业净资产收益率逐级分解为多项财务比率乘积，这样有助于深入分析比较企业经营业绩。由于这种分析方法最早由美国杜邦公司使用，故名杜邦分析法。

2. 杜邦分析法的特点

① 杜邦分析法将若干个用以评价企业经营效率和财务状况的比率按其内在联系有机地结合起来，形成一个完整的指标体系，并最终通过权益收益率来综合反映。

② 杜邦分析法使财务比率分析的层次更清晰、条理更突出，为报表分析者全面仔细地了解企业的经营和盈利状况提供方便。

③ 杜邦分析法有助于企业管理层更加清晰地看到权益基本收益率的决定因素，以及销售净利润与总资产周转率、债务比率之间的相互关联关系，给管理层提供了一张明晰的考察公司资产管理效率和是否最大化股东投资回报的路线图。

3. 财务指标说明

① 权益净利率，也称权益报酬率、权益收益率、净资产收益率，是一个综合性最强的财务分析指标，是杜邦分析系统的核心。

② 资产净利率是影响权益净利率的最重要的指标,具有很强的综合性,而资产净利率又取决于销售净利率和总资产周转率的高低。

③ 总资产周转率反映总资产的周转速度。分析资产周转率时,需要对影响资产周转的各因素进行分析,以判明影响公司资产周转的主要问题在哪里。

④ 销售净利率反映销售收入的收益水平。增加销售收入、降低成本费用是提高企业销售利润率的根本途径,而增加销售收入,同时也是提高资产周转率的必要条件和途径。

⑤ 权益乘数表示企业的负债程度,反映了公司利用财务杠杆进行经营活动的程度。资产负债率高,权益乘数就大,这说明公司负债程度高,公司会有较多的杠杆利益,但风险也高;反之,资产负债率低,权益乘数就小,这说明公司负债程度低,公司会有较少的杠杆利益,但相应所承担的风险也低。

3. 财务指标关系

① 净资产收益率=资产净利率(净利润÷总资产)×权益乘数(总资产÷总权益资本)

② 资产净利率(净利润÷总资产)=销售净利率(净利润÷总收入)×资产周转率(总收入÷总资产)

③ 净资产收益率=销售净利率×资产周转率×权益乘数

二、杜邦分析法应用

运用杜邦分析法不仅可以了解企业各项财务指标间的结构关系,还可以查明各项主要财务指标增减变动的影响因素及存在的问题,为财务管理信息使用者了解企业经营状况、提高经营效益提供决策依据。

下面就以前一节中的资料为例,对天宇集团净资产收益率做出分析。

① 打开"财务分析表"工作簿,建立"杜邦分析表"工作表,在相应的单元格中输入相关财务指标名称,如图 7-8 所示。

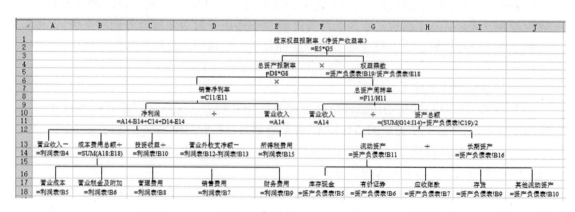

图 7-8

② 定义相应指标公式。根据项目定义公式,数据来源于资产负债表和利润表,如图 7-8 所示。

③ 公式定义完毕后,得到计算结果如图 7-9 所示。

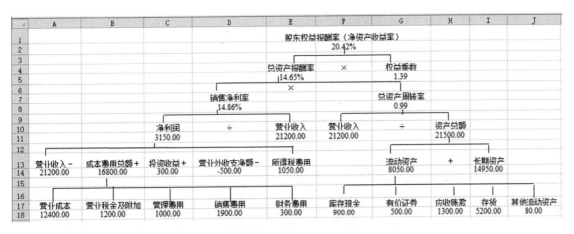

图 7-9

实践训练七

一、熟记以下指标的公式及含义

1. 偿债能力指标

（1）短期偿债能力指标

① 流动比率

② 速动比率

（2）长期偿债能力指标

① 资产负债率

② 产权比率

③ 有形净值债务率

④ 已获利息倍数

2. 营运能力指标

（1）存货周转率

（2）存货周转天数

（3）应收账款周转率

（4）应收账款周转天数

（5）流动资产周转率

（6）总资产周转率

3. 盈利能力指标

（1）销售净利率

（2）销售毛利率

（3）营业利润率

（4）资产净利率（总资产报酬率）

（5）净资产收益率(权益报酬率)

二、Excel 在比率分析中的应用

根据恒达公司 2015 年度的会计报表进行比率分析。"资产负债表"工作表如图 7-10 所示。"利润表"工作表如图 7-11 所示。

	A	B	C	D	E	F
1				资产负债表		
2	编制单位：恒达公司			2015年12月31日		单位：万元
3	资产	期末余额	年初余额	负债和所有者权益	期末余额	年初余额
4	流动资产：			流动负债：		
5	货币资金	1,350	1,200	短期借款	3,450	3,000
6	交易性金融资产	750	1,500	应付账款	1,800	1,500
7	应收账款	1,950	1,800	预收账款	600	450
8	预付账款	105	60	其他应付款	150	150
9	存　　货	7,800	6,000	流动负债合计	6,000	5,100
10	其他流动资产	120	90	非流动负债		
11	流动资产合计	12,075	10,650	长期借款	3,750	3,000
12	非流动资产：			非流动负债合计	3,750	3,000
13	持有至到期投资	600	600	负债合计	9,750	8,100
14	固定资产	21,000	18,000	所有者权益：		
15	无形资产	825	750	实收资本(或股本)	18,000	18,000
16	非流动资产合计	22,425	19,350	盈余公积	2,400	2,400
17				未分配利润	4,350	1,500
18				所有者权益合计	24,750	21,900
19	资产总计	34,500	30,000	负债及所有者权益合计	34,500	30,000

图 7-10

	A	B	C
1		利润表	
2	编制单位：恒达公司　2015 年度		单位：万元
3	项　　目	本期金额	上期金额
4	一、营业收入	29,680	26,320
5	减：营业成本	17,360	15,260
6	营业税金及附加	1,680	1,512
7	销售费用	2,660	2,268
8	管理费用	1,400	1,120
9	财务费用	420	280
10	加：投资收益	420	420
11	二、营业利润	6,580	6,300
12	加：营业外收入	210	140
13	减：营业外支出	910	840
14	三、利润总额	5,880	5,600
15	减：所得税费用	1,470	1,400
16	五、净利润	4,410	4,200

图 7-11

1. 偿债能力

从流动比率、速动比率、资产负债率、产权比率、有形资产债务率等几个指标进行分析。

2. 营运能力

从存货周转率、应收账款周转率、流动资产周转率、总资产周转率等几个指标进行分析。

3. 盈利能力

从营业利润率、总资产报酬率、净资产收益率等几个指标进行分析。

三、根据第二题资料,对恒达公司所有者权益率做出分析

项目八 Excel 在财务管理预测和分析中的应用

学习目的

理解单变量求解、方案管理器、模拟运算表、规划求解等模拟分析的具体含义,掌握其操作步骤和使用方法,能结合案例运用模拟分析解决实际工作中的问题,提高管理效率。

在 Excel 中使用模拟分析工具,可以在一个或多个公式中使用多种值集浏览各种不同的结果,从而解决财务分析、统计分析、工程分析等方面的问题。Excel 提供三种类型的模拟分析工具:方案管理器、单变量求解和模拟运算表。除了这三个工具外,还可以安装加载项,例如规划求解、分析工具库等加载项。

任务一 方案管理器

一、方案管理器简介

1. 方案管理器概述

方案是一套由 Excel 保存的值,可以在工作表上自动替换。用户可以创建方案并将其保存为不同组的值,以查看不同的结果。

Excel 中的方案管理器能够帮助用户创建和管理方案,可以具有多个变量,最多可以容纳 32 个值。使用方案,用户能够方便地进行假设,通过不同结果的对比分析,选择最佳方案。

2. 方案管理器的使用步骤

① 分析需求,建立方案模型。
② 启动方案管理器,制订并管理方案。
③ 生成方案摘要或方案透视数据表。
④ 根据分析,确定最佳方案。

二、方案管理器案例

1. 案例资料

天宇集团计划购买一辆商务用车,准备贷款 50 万元左右。有四家银行愿意提供贷款,但这四家银行的贷款额、贷款利率和偿还年限都不一样,贷款条件如图 8-1 所示。

项目/银行	贷款额度	贷款利率	偿还年限
建设银行	550000	5.1%	10
招商银行	500000	4.9%	8
交通银行	520000	5.0%	15
江苏银行	500000	4.8%	12

图 8-1

2. 方案管理器的建立

① 根据上述条件，建立方案管理器模型，并在 D9 单元格建立公式“=PMT(B9/12, B10*12,B8)”，求出每月还款额，如图 8-2 所示。

D9　=PMT(B9/12,B10*12,B8)

	A	B	C	D
1	方案管理器			
2	项目/银行	贷款额度	贷款利率	偿还年限
3	建设银行	550000	5.1%	10
4	招商银行	500000	4.9%	8
5	交通银行	520000	5.0%	15
6	江苏银行	500000	4.8%	12
7	方案管理器模型			
8	贷款额度	550000	所求值	月还款额
9	贷款利率	5.1%		-5860.52
10	偿还年限	10		

图 8-2

② 在“数据”选项卡上的“预测”组中，单击“模拟分析”，然后单击“方案管理器”，打开“方案管理器”对话框，如图 8-3 所示。

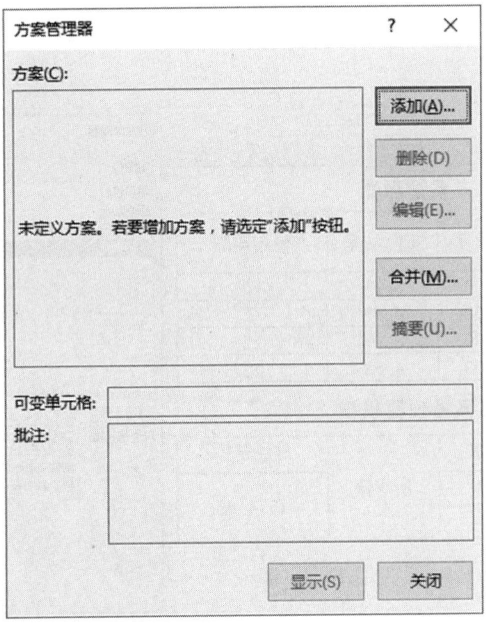

图 8-3

③ 在"方案管理器"对话框中,单击"添加"按钮,打开"添加方案"对话框,输入方案名"建设银行",选择可变单元格"B8：B10",勾选"防止更改",如图 8-4 所示。

图 8-4

④ 单击"确定"按钮,打开"方案变量值"对话框,输入建设银行的相关数据,如图 8-5 所示。

⑤ 单击"确定"按钮,回到"方案管理器"对话框窗口。以此类推,可以添加其他几家银行的方案。同时,还可以查看每个方案的结果,如选中"江苏银行",单击"显示"按钮,表中"方案管理器模型"即显示江苏银行的相关数据,如图 8-6 所示。

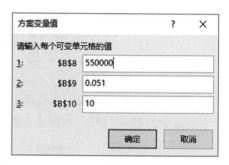

图 8-5

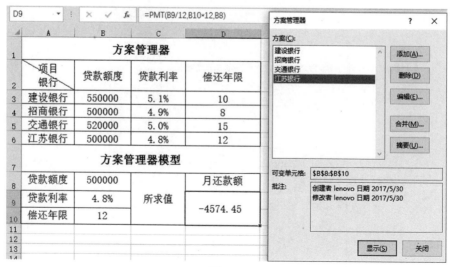

图 8-6

⑥ 在"方案管理器"对话框窗口中,如果想删除方案,可以选择方案名,单击"删除"按钮。如果想修改方案,可以选择方案名,单击"编辑"按钮,修改的步骤与建立步骤相同。

3. 摘要输出

① 在"方案管理器"对话框窗口中,单击"摘要"按钮,显示"方案摘要"对话框,如图 8-7 所示。

如果选择"方案摘要",系统自动建立"方案摘要"工作表。

如果选择"方案数据透视表",系统自动建立"方案数据透视表"工作表。

图 8-7

② 这里,我们选择"方案摘要",系统自动建立"方案摘要"工作表,如图 8-8 所示。

方案摘要		当前值:	建设银行	招商银行	交通银行	江苏银行
可变单元格:						
	$B$8	500000	550000	500000	520000	500000
	$B$9	4.8%	5.1%	4.9%	5.0%	4.8%
	$B$10	12	10	8	15	12
结果单元格:						
	$D$9	-4574.45	-5860.52	-6306.18	-4112.13	-4574.45

注释:"当前值"这一列表示的是在建立方案汇总时,可变单元格的值。
每组方案的可变单元格均以灰色底纹突出显示。

图 8-8

从图 8-8 中可以看到四家银行的数据信息和每月还款金额,企业可以根据实际情况,选择最佳的贷款方案。

任务二　单变量求解

一、单变量求解简介

1. 单变量求解概述

单变量求解是根据所提供的目标值,将引用单元格的值不断调整,直至达到所需要求的公式的目标值时,变量的值才确定。

2. 单变量求解的使用步骤

① 分析需求,建立单变量求解模型。
② 启动单变量求解,确定目标值及相关可变数据。
③ 根据设定条件求解。

二、单变量求解案例

1. 案例一

天宇集团计划处置一套商业房产,面积为 500 平方米,希望能取得税费后的净值为

2 500 万, 求合同金额是多少? 假定各项税、费等支出如图 8-9 所示。操作步骤如下:

项目	比率（按售价）	金额
清理费	5.0%	
评估费	2.0%	
中介费	1.0%	
印花税	0.1%	
其他	8.0%	

图 8-9

① 根据上述条件, 建立单变量求解模型, 并在 C3: C7 单元格分别输入公式, 也就是"合同金额 * 相对应的比率", 并在 C9 单元格输入公式"=C8-C3-C4-C5-C6-C7", 如图 8-10 所示。

	A	B	C
1		单变量求解模型	
2	项目	比率（按售价）	金额（万元）
3	清理费	3.0%	C8*B3
4	评估费	1.5%	C8*B4
5	中介费	0.5%	C8*B5
6	印花税	0.1%	C8*B6
7	其他	3.0%	C8*B7
8	合同金额		
9	税费后净额		C8-C3-C4-C5-C6-C7

图 8-10

② 在"数据"选项卡上的"预测"组中, 单击"模拟分析", 然后单击"单变量求解", 打开"单变量求解"对话框。在"目标单元格"框中, 输入单元格的引用, 这里是"C9"; 在"目标值"框中, 输入用户希望得到的数额, 这里是"2500"; 在"可变单元格"框中, 输入要调整的值的单元格引用, 这里是 C8, 如图 8-11 所示。

③ 单击"确定"按钮进行求解, 系统显示"单变量求解状态"信息提示框, 如图 8-12 所示。

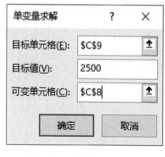

图 8-11

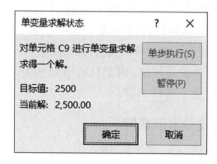

图 8-12

④ 单击"确定"按钮，显示求解结果，如图 8-13 所示。

	单变量求解模型	
项目	比率（按售价）	金额（万元）
清理费	3.0%	81.61
评估费	1.5%	40.81
中介费	0.5%	13.60
印花税	0.1%	2.72
其他	3.0%	81.61
合同金额		2,720.35
税费后净额		2,500.00

图 8-13

从求解结果可以看出，在给定的条件下，如果得到税费后净额为 2 500 万元，合同金额应该是 2 720.35 万元。

2. 案例二

天宇集团本月下达的目标利润为 8 000 万元，基础数据如图 8-14 所示。假定其他条件不变，单位变动成本为多少才能达到目标？操作步骤如下：

项目	基础数据
单价	120万元/吨
销售量	1000吨
单位变动成本	85万元/吨
固定成本	3000万元

图 8-14

① 根据上述条件，建立单变量求解模型，在 C6 和 C8 单元格分别输入公式，并在 C9 单元格输入公式"＝C6-C7-C8"，如图 8-15 所示。

	单变量求解模型	
项目	基础数据	金额（万元）
单价	120	
销售量	1000	
单位变动成本	85	
销售金额		B3*B4
固定成本		30000
变动成本		B4*B5
目标利润		C6-C7-C8

图 8-15

② 在"数据"选项卡上的"预测"组中,单击"模拟分析",然后单击"单变量求解",打开"单变量求解"对话框。在"目标单元格"框中,输入单元格的引用,这里是"C9";在"目标值"框中,输入用户希望得到的数额,这里是"8000";在"可变单元格"框中,输入要调整的值的单元格引用,这里是 B5,如图 8-16 所示。

③ 单击"确定"按钮进行求解,系统显示"单变量求解状态"信息提示框,如图 8-17 所示。

图 8-16

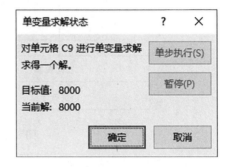
图 8-17

④ 单击"确定"按钮,显示求解结果,如图 8-18 所示。

	A	B	C
1	单变量求解模型		
2	项目	基础数据	金额（万元）
3	单价	120	
4	销售量	1000	
5	单位变动成本	82	
6	销售金额		120000
7	固定成本		30000
8	变动成本		82000
9	目标利润		8000

图 8-18

从求解结果可以看出,在给定的条件下,如果目标利润为 8 000 万元,则单位变动成本为 82 万元/吨。

任务三　模拟运算表

模拟运算表是进行预测分析的一种工具,它可以显示 Excel 工作表中一个或多个数据变量的变化对计算结果的影响,求得某一过程中可能发生的数值变化,同时将这一变化列在表中以便于比较。运算表根据需要观察的数据变量的多少可以分为单变量模拟运算表和双变量模拟运算表两种形式。

一、单变量模拟运算表

单变量模拟运算表的输入值纵排成一列(列方向)或横排成一行(行方向)。单变量模拟运算表中使用的公式必须仅引用一个可变单元格。下面以天宇集团为例,介绍单变量模拟运算表的使用方法。

1. 案例一

天宇集团有一项房地产投资,总成本3 000万元,希望每年的回报率为8%,问需要多少年能收回成本? 每个月收回多少? 操作步骤如下:

① 分析案例资料,建立单变量模拟运算表模型,并在B7单元格输入公式"=PMT(B2/12,B4*12,-B3)",如图8-19所示。

② 选择A7:B18单元格区域,在"数据"选项卡上的"预测"组中,单击"模拟分析",然后单击"模拟运算表",打开"模拟运算表"对话框。如果模拟运算表是行方向的,在"输入引用行的单元格"框中输入单元格引用;如果模拟运算表为列方向,在"输入引用列的单元格"框中输入单元格引用。这里选择列方向,输入"B4",也就是把年限作为变量,如图8-20所示。

③ 按"确定"按钮,即完成模拟运算,如图8-21所示。

图 8-19

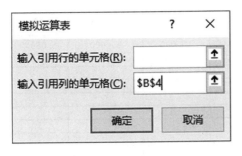

图 8-20

	单变量模拟运算表模型	
5		
6	模拟运算表	每月金额(元)
7	收回年限(年)	363,982.78
8	4	732,387.67
9	5	608,291.83
10	6	525,997.22
11	7	467,586.43
12	8	424,100.38
13	9	390,561.45
14	10	363,982.78
15	11	342,463.41
16	12	324,735.78
17	13	309,922.16
18	14	297,395.46

图 8-21

2. 案例二

天宇集团销售甲产品,单位售价为15元,单位变动成本为11元,固定成本总额为9万元,产销能力为10万元。在单价和单位变动成本变化的情况下,计算销售收入、总成本、利润、保本销量和保本销售额。操作步骤如下:

① 分析案例资料，建立数据分析表模型，并在相应单元格输入公式：在 B6 单元格输入公式"=B2*B5"，即：销售收入=销售量×销售单价；在 B7 单元格输入公式"=B3+B2*B4"，即：总成本=固定成本+销售量×单位变动成本；在 B8 单元格输入公式"=B6-B7"，即：利润=销售收入-总成本；在 B9 单元格输入公式"=B3/(B5-B4)"，即：保本销量=固定成本÷(单价-单位变动成本)；在 B10 单元格输入公式"=B9*B5"，即：保本销售额=保本销量×单价，如图 8-22 所示。

	A	B
1	案例资料：天宇集团销售甲产品，单位售价15元，单位变动成本为11元，固定成本总额为9万元，产销能力为10万元。在单价和单位变动成本变化的情况下，计算销售收入、总成本、利润、保本销量和保本销售额。	
2	销售量	100,000
3	固定成本	90,000
4	单位变动成本	11.0
5	单价	15.0
6	销售收入	B2*B5
7	总成本	B3+B2*B4
8	利润	B6-B7
9	保本销量	B3/(B5-B4)
10	保本销售额	B9*B5

图 8-22

② 建立单变量模拟运算表模型，并定义公式。这里把"单价"作为变量。固定成本、销售收入、总成本、利润、保本销量和保本销售额下方对应的单元格的内容分别等于 B3、B6、B7、B8、B9、B10，如图 8-23 所示。

	单变量模拟运算表模型				单击右侧滚动条可以改变单价		单位：元
11							
12	单位变动成本	固定成本	销售收入	总成本	利润	保本销量	保本销售额
13		90,000	1,200,000	1,190,000	10,000	90,000	1,080,000
14	10.0						
15	10.3						
16	10.6						
17	10.9						
18	11.2						
19	11.5						
20	11.8						
21	12.1						
22	12.4						
23	12.7						

图 8-23

③ "单位变动成本"通过设置滚动条来实现变化。滚动条设置操作如下：
在"开发工具"选项卡下的"控件"组中，选择"插入"控件中的"滚动条"控件。

右击"滚动条"控件,打开"设置控件格式"对话框。在各个框内分别输入相应的数值,在"单元格链接"框内选择 B5 单元格,如图 8-24 所示。按"确定"按钮后退出设置。

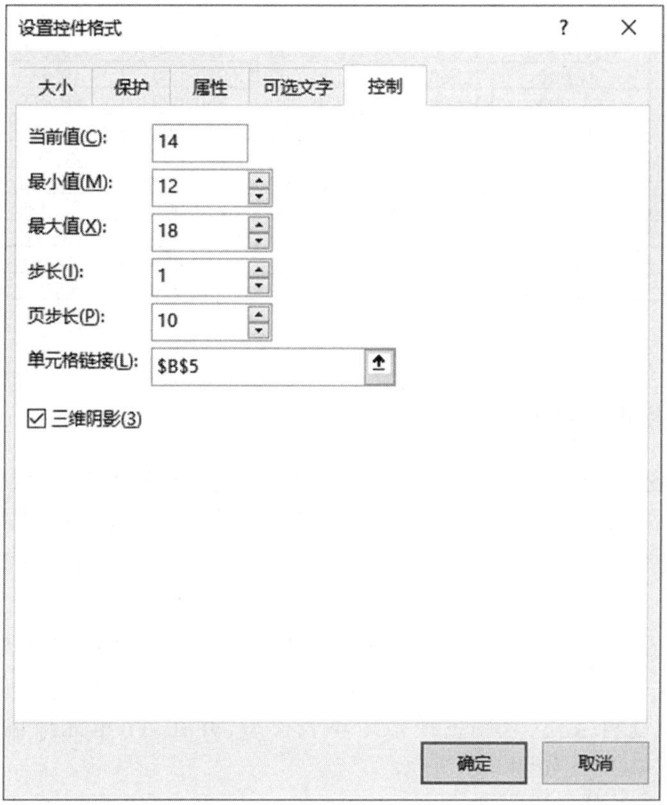

图 8-24

④ 选择 A14:G23 单元格区域,在"数据"选项卡上的"预测"组中,单击"模拟分析",然后单击"模拟运算表"。在"输入引用列的单元格"框中,输入单元格引用"B4",如图 8-25 所示。

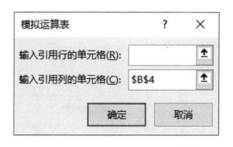

图 8-25

⑤ 按"确定"按钮,即完成模拟运算,结果如图 8-26 所示。如果想改变单价的话,可以用滚动条来实现。

	单变量模拟运算表模型			单击右侧滚动条可以改变单价			单位：元
11							
12	单位变动成本	固定成本	销售收入	总成本	利润	保本销量	保本销售额
13		90,000	1,500,000	1,190,000	310,000	22,500	337,500
14	10.0	90,000	1,500,000	1,090,000	410,000	18,000	270,000
15	10.3	90,000	1,500,000	1,120,000	380,000	19,149	287,234
16	10.6	90,000	1,500,000	1,150,000	350,000	20,455	306,818
17	10.9	90,000	1,500,000	1,180,000	320,000	21,951	329,268
18	11.2	90,000	1,500,000	1,210,000	290,000	23,684	355,263
19	11.5	90,000	1,500,000	1,240,000	260,000	25,714	385,714
20	11.8	90,000	1,500,000	1,270,000	230,000	28,125	421,875
21	12.1	90,000	1,500,000	1,300,000	200,000	31,034	465,517
22	12.4	90,000	1,500,000	1,330,000	170,000	34,615	519,231
23	12.7	90,000	1,500,000	1,360,000	140,000	39,130	586,957

图 8-26

二、双变量模拟运算表

其他因素不变的条件下，分析两个参数的变化对目标值的影响时，需要使用双变量模拟运算表。如单变量模拟运算的案例一中，在不仅要考虑利率变化还要考虑年限变化的情况下，分析不同的利率和不同的年限对月收回额的影响，这时要使用 Excel 双变量模拟运算表。

1. 案例一

天宇集团因发展需要贷款 800 万，请问在年利率为 5% 到 12%、贷款 3 年到 10 年的情况下，需要多少年、多少年利率能还清贷款？每个月还款多少？操作步骤如下：

① 分析案例资料，建立双变量模拟运算表模型，并在 A7 单元格输入公式"＝PMT（B2/12,B4*12,-B3）"，如图 8-27 所示。

② 选择 A7:I15 单元格区域，在"数据"选项卡上的"预测"组中，单击"模拟分析"，然后单击"模拟运算表"。在"输入引用行的单元格"框中，输入"B2"，在"输入引用列的单元格"框中，输入"B4"，如图 8-28 所示。

图 8-27

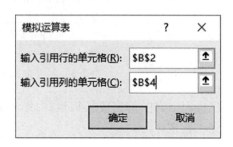

图 8-28

③ 按"确定"按钮，即完成模拟运算，如图8-29所示。

	双变量模拟运算表模型							
	每月还款金额（元）							
	140265.92	5%	6%	7%	8%	9%	10%	11%	12%
	3	239,767.18	243,375.50	247,016.77	250,690.92	254,397.86	258,137.50	261,909.74	265,714.48
	4	184,234.35	187,880.23	191,569.96	195,303.38	199,080.34	202,900.67	206,764.18	210,670.68
	5	150,969.87	154,662.41	158,409.59	162,211.15	166,066.84	169,976.36	173,939.38	177,955.58
	6	128,839.46	132,583.10	136,392.05	140,265.92	144,204.30	148,206.70	152,272.63	156,401.54
	7	113,071.27	116,868.44	120,741.44	124,689.72	128,712.63	132,809.47	136,979.69	141,221.86
	8	101,279.36	105,131.44	109,069.74	113,093.43	117,201.63	121,393.31	125,667.41	130,022.73
	9	92,138.19	96,046.00	100,050.21	104,149.72	108,343.27	112,629.49	117,006.89	121,473.86
	10	84,852.41	88,816.40	92,886.78	97,062.08	101,340.62	105,720.59	110,200.01	114,776.76

图 8-29

2. 案例二

天宇集团因发展需要贷款，假定贷款年利率为10%，如果贷款500万元到800万元，贷款2年到6年的情况下，请问需要贷款多少？需要多少年能还清？每个月还款多少？操作步骤如下：

① 分析案例资料，建立双变量模拟运算表模型，并在A7单元格输入公式"=PMT(B2/12,B4*12,-B3)"，如图8-30所示。

② 选择A7：H12单元格区域，在"数据"选项卡上的"预测"组中，单击"模拟分析"，然后单击"模拟运算表"。在"输入引用行的单元格"框中，输入"B3"，在"输入引用列的单元格"框中，输入"B4"，如图8-31所示。

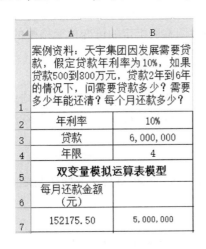

图 8-30

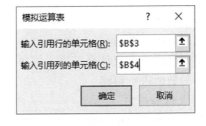

图 8-31

③ 按"确定"按钮，即完成模拟运算，如图8-32所示。

5	双变量模拟运算表模型							
6	每月还款金额（元）							
7	152175.50	5,000,000	5,500,000	6,000,000	6,500,000	7,000,000	7,500,000	8,000,000
8	2	230,724.63	253,797.09	276,869.56	299,942.02	323,014.48	346,086.95	369,159.41
9	3	161,335.94	177,469.53	193,603.12	209,736.72	225,870.31	242,003.90	258,137.50
10	4	126,812.92	139,494.21	152,175.50	164,856.79	177,538.08	190,219.38	202,900.67
11	5	106,235.22	116,858.75	127,482.27	138,105.79	148,729.31	159,352.84	169,976.36
12	6	92,629.19	101,892.11	111,155.03	120,417.95	129,680.86	138,943.78	148,206.70

图 8-32

任务四　规划求解

一、规划求解概述

1. 规划求解的含义

规划求解是 Microsoft Excel 加载项程序，可用于模拟分析。简单地说，规划求解是一组命令的组成部分，这些命令有时也称作假设分析工具。借助规划求解，可求得工作表上某个单元格（被称为目标单元格）中公式（公式可以是单元格中的一系列值、单元格引用、名称或运算符的组合，可生成新的值）的最优值。

2. 规划求解相关设置

（1）设置变量单元格

变量单元格也称可变单元格，规划求解通过调整所指定的可变单元格中的值，从目标单元格公式中求得所需的结果。

（2）设置约束条件

约束条件是指在"规划求解参数"对话框中设置的限制条件。可以将约束条件应用于可变单元格、目标单元格或其他与目标单元格直接或间接相关的单元格，约束条件可以引用其他影响目标单元格公式的单元格。

（3）设置目标单元格

目标单元格用于存放计算结果。该单元格中的公式将对直接或间接与之相关联的一组单元格中的数值进行调整。

3. 规划求解加载宏

若要使用规划求解加载项，首先需要在 Excel 中加载它。步骤如下：

单击"文件"菜单，选择"选项"，打开"Excel 选项"对话框。单击"加载项"，选择"规划求解加载项"，单击"确定"按钮，如图 8-33 所示。

项目八 Excel在财务管理预测和分析中的应用

图 8-33

加载规划求解加载项之后,"数据"选项卡上就增加了"分析"组,"规划求解"命令就出现在"分析"组中。

二、规划求解案例应用

1. 制订最佳生产规划

天宇集团生产甲、乙、丙三种产品,净利润分别为 120 元、80 元、60 元;使用的机器时数分别为 3h、4h、5h,手工时数分别为 4h、3h、2h,由于数量和品种受到制约,机器工时最多为 600h,手工工时最多为 300h;甲产品数量最多不能超过 50 件,乙产品至少要生产 20 件,丙产品至少要生产 30 件。问:如何安排甲、乙、丙三种产品的生产数量才能获得最大利润?

(1) 案例分析

建立数学模型,设甲、乙、丙三种产品的数量分别为 X1, X2 和 X3。

利润为 F(x), maxF(x) = 120 * X1+80 * X2+60 * X3。

约束条件:

3 * X1+4 * X2+5 * X3<=600;

4 * X1+3 * X2+2 * X3<=300;

X1<=50;

X2>=20；

X3>=30；

X1、X2 和 X3 均为整数。

（2）操作步骤

① 在"模拟分析表"工作簿中建立"规划求解计算模型（生产规划）"工作表，根据案例分析建立相关公式，如图 8-34 所示。

	A	B	C	D
1	规划求解计算模型（生产规划）			
2	变量（产量）	甲产品	X1	
3		乙产品	X2	
4		丙产品	X3	
5	约束条件（工时、产量）	使用机器时数	Gx1	=3*D2+4*D3+5*D4
6		使用手工时数	Gx2	=4*D2+3*D3+2*D4
7		甲产品最大生产量	Gx3	=D2
8		乙产品最小生产量	Gx4	=D3
9		丙产品最小生产量	Gx5	=D4
10	目标（利润）	最大利润	Fx	=120*D2+80*D3+60*D4

图 8-34

② 单击"数据"选项卡"分析"组中的"规划求解"，打开"规划求解参数"对话框，分别设置目标单元格、可变单元格、约束条件等，如图 8-35 所示。

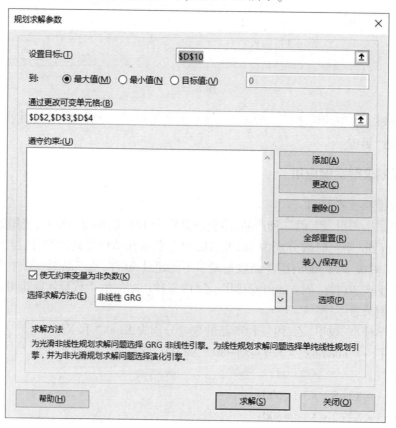

图 8-35

③ 在"遵守约束"中单击"添加"按钮,打开"添加约束"对话框,进行约束条件的设置,如图 8-36 所示。

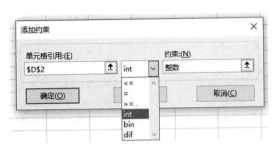

图 8-36

④ 按照约束条件,进行逐一添加,如图 8-37 所示。

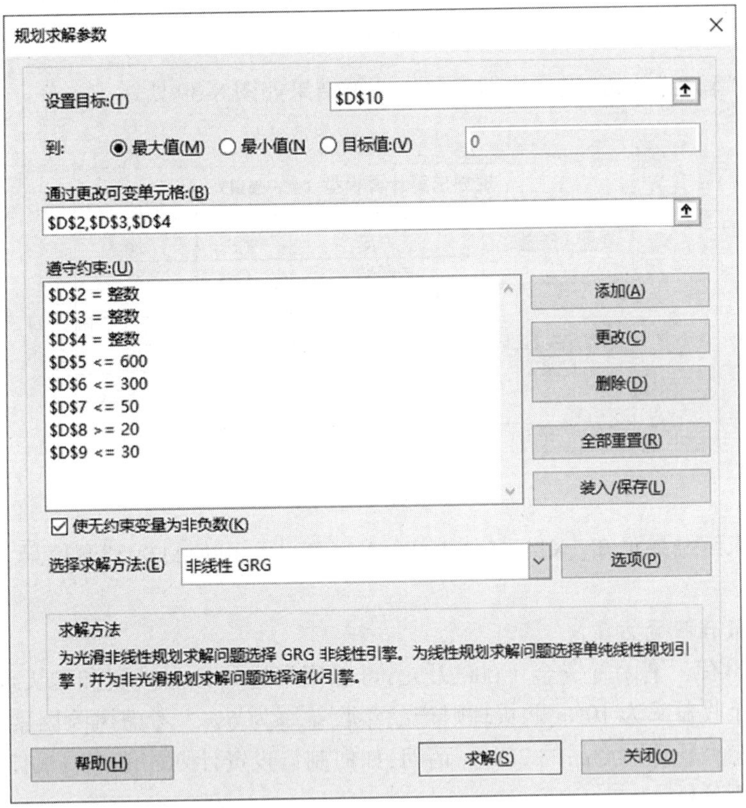

图 8-37

⑤ 全部设置完毕后,单击"求解"按钮,打开"规划求解结果"对话框,如图 8-38 所示。

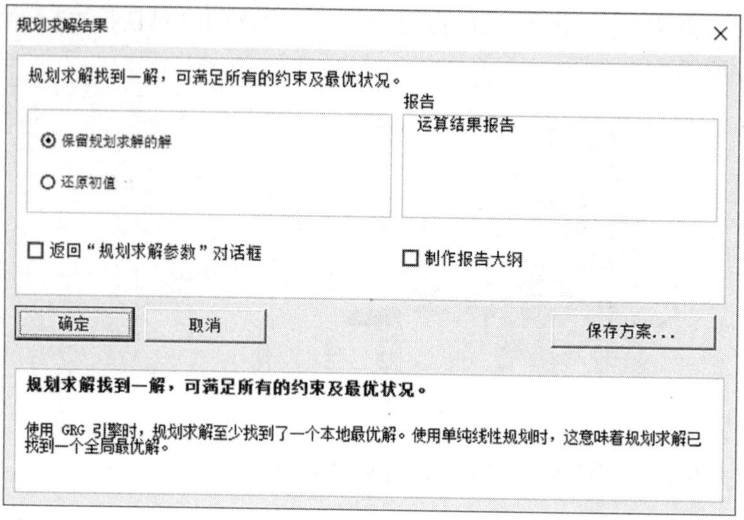

图 8-38

⑥ 单击"确定"按钮,完成规划求解。计算结果如图 8-39 所示。

	A	B	C	D
1	规划求解计算模型（生产规划）			
2	变量（产量）	甲产品	X1	45
3		乙产品	X2	20
4		丙产品	X3	30
5	约束条件（工时、产量）	使用机器时数	Gx1	365
6		使用手工时数	Gx2	300
7		甲产品最大生产量	Gx3	45
8		乙产品最小生产量	Gx4	20
9		丙产品最小生产量	Gx5	30
10	目标（利润）	最大利润	Fx	8800

图 8-39

由规划求解结果可知：$X1=45$、$X2=20$、$X3=30$ 时,可使目标利润值最大,即 $F(x)=8800$。

2. 制订最佳投资方案

天宇集团有一笔闲置资金 1 000 万元,可以用来进行证券投资和购买理财产品。假定证券投资年收益率为 10%,购买理财产品年收益率为 6%。考虑风险因素,设置证券投资的比例不能大于理财产品的 25%。请问,如何制订投资计划才能获得最佳收益？

（1）案例分析

建立数学模型,设证券投资、理财产品分别为 X1 和 X2。

利润为 $F(x)$,$maxF(x)=0.1*X1+0.06*X2$。

约束条件：

$X1+X2<=1000$；

$X1<=0.25*X2$；

$X1>0$,且为整数；

$X2>0$,且为整数。

(2)操作步骤

① 在"模拟分析表"工作簿中建立"规划求解计算模型(投资规划)"工作表,根据案例分析建立相关公式,如图 8-40 所示。

	A	B	C	D
1	规划求解计算模型(投资规划)			
2	变量(投资方案)	证券投资	X1	200
3		理财产品	X2	800
4	约束条件(资产配置)	总投资数额	Gx1	=D2+D3
5		证券投资不能大于25%	Gx2	=0.25*D3
6	目标(收益)	最大收益	Fx	=0.1*D2+0.06*D3

图 8-40

② 单击"数据"选项卡"分析"组中的"规划求解",打开"规划求解参数"对话框,分别设置目标单元格、可变单元格,约束条件等,操作步骤可以参照上一个案例。按照约束条件,进行逐一添加,如图 8-41 所示。

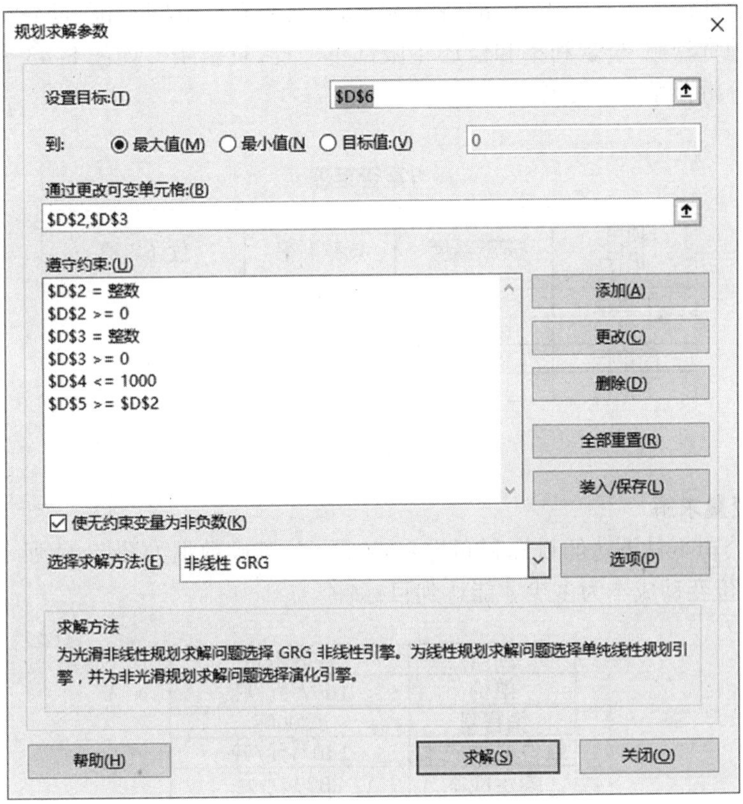

图 8-41

③ 全部设置完毕后,单击"求解"按钮,打开"规划求解结果"对话框,单击"确定"按钮,完成规划求解。计算结果如图 8-42 所示。

	A	B	C	D
1	规划求解计算模型（投资规划）			
2	变量（投资方案）	证券投资	X1	200
3		理财产品	X2	800
4	约束条件（资产配置）	总投资数额	Gx1	1000
5		证券投资不能大于25%	Gx2	200
6	目标（收益）	最大收益	Fx	68

图 8-42

由规划求解结果可知：X1=200、X2=800 时，可使目标收益值最大，即 F(x)=68。

实践训练八

一、方案管理器

恒达公司计划购置一台设备，准备贷款 80 万元左右。有四家银行愿意提供贷款，但这四家银行的贷款额、贷款利率和偿还年限都不一样，贷款条件如图 8-43 所示。请制订方案并进行分析：哪个方案更佳？

方案管理器			
项目＼银行	贷款额度	贷款利率	偿还年限
甲银行	850000	4.9%	10
乙银行	800000	5.1%	8
丙银行	820000	5.0%	6
丁银行	900000	4.8%	8

图 8-43

二、单变量求解

1. 恒达公司本月下达的目标利润为 8 500 万元，基础数据如图 8-44 所示。假定其他条件不变，单位变动成本为多少才能达到目标？

项目	基础数据
单价	160万元/吨
销售量	1300吨
单位变动成本	140万元/吨
固定成本	28000万元

图 8-44

2. "鸡兔问题"是一道古典数学问题，题为："今有雉、兔同笼，上有三十五头，下有九十四足。问雉、兔各几何？"原著的解法为："上署头，下置足。半其足，以头除足，以足除头，即得。"请用单变量求解计算。

三、模拟运算表

1. 恒达公司投资一个项目共花费 1 000 万元,请计算在期望每年回报率为 10% 的情况下,需要多少年能收回成本?每个月收回多少?

2. 天宇集团因发展需要贷款 900 万,请问在年利率为 5% 到 12%、贷款 5 年到 15 年的情况下,需要多少年、多少年利率能还清贷款?每个月还款多少?

四、规划求解

恒达公司生产 A、B、C、D 四种产品,净利润分别为 200 元、160 元、120 元、80 元;使用的机器时数分别为 5h、4h、3h、2h,手工时数分别为 3h、3h、2h、2h,由于数量和品种受到制约,机器工时最多为 300h,手工工时最多为 500h;A 产品数量最多不能超过 50 件,B 产品最多不能超过 40 件,C 产品至少要生产 30 件,D 产品至少要生产 20 件。问:如何安排 A、B、C、D 四种产品的生产数量才能获得最大利润?

附录 本书中使用的基础数据表

人事档案表

编号	姓名	性别	身份证号	出生日期	年龄	学历	职称	职务	部门
001	刘丹		302302197511140018			本科	高级	经理	经理室
002	王安		302302198401050072			研究生	中级	经理	经理室
003	王浩		302302196802230016			本科	高级	科长	销售部
004	刘思宇		302302199206260072			研究生	无	无	销售部
005	陈菲菲		302302196501140021			中专及以下	中级	科员	采购部
006	高欣悦		302302197702280011			大专	中级	无	采购部
007	赵秀丽		302302198510140027			本科	中级	科长	人事部
008	黄琪		302302198811190039			研究生	无	科员	财务部
009	蔡怡帆		302302196907180014			本科	中级	科长	销售部
010	赵天琪		302302198906120007			中专及以下	初级	无	采购部
011	李冠华		302302198909190072			本科	初级	无	销售部
012	刘鸿		302302198511050036			研究生	中级	科长	采购部
013	郑义		302302197401120023			中专及以下	初级	科员	财务部
014	张旭		302302197602180013			大专	中级	科员	销售部
015	王明明		302302198607280012			本科	中级	科员	采购部
016	钱媛		302302197602160035			本科	初级	科员	人事部
017	赵铭		302302198807190026			大专	初级	科员	人事部
018	孙雅静		302302198209080021			本科	高级	科长	财务部
019	杨晓君		302302198804111126			中专及以下	无	无	销售部
020	李博宇		302302199011060074			中专及以下	初级	无	采购部

职工薪资明细表

单位：元

编号	姓名	部门	基本工资	岗位津贴	应发工资	考勤扣款	保险扣款	所得税扣款	实发工资
001	刘丹	经理室	9 800	3 000					
002	王安	经理室	7 500	3 000					
003	王浩	销售部	8 700	2 500					
004	刘思宇	销售部	7 200	2 000					
005	陈菲菲	采购部	6 700	2 000					
006	高欣悦	采购部	6 100	2 000					
007	赵秀丽	人事部	7 200	2 500					
008	黄琪	财务部	4 900	2 000					

续表

编号	姓名	部门	基本工资	岗位津贴	应发工资	考勤扣款	保险扣款	所得税扣款	实发工资
009	蔡怡帆	销售部	5 700	2 500					
010	赵天琪	采购部	4 900	2 000					
011	李冠华	销售部	4 700	2 000					
012	刘 鸿	采购部	6 700	2 500					
013	郑 义	财务部	4 600	2 000					
014	张 旭	销售部	6 500	2 000					
015	王明明	采购部	6 800	2 000					
016	钱 媛	人事部	5 500	2 000					
017	赵 铭	人事部	4 500	2 000					
018	孙雅静	财务部	8 200	2 500					
019	杨晓君	销售部	4 500	2 000					
020	李博宇	采购部	4 700	2 000					

职工考勤明细表

编号	姓名	部门	基本工资	病假/天	事假/天	病假扣款	事假扣款	扣款合计
001	刘 丹	经理室			1			
002	王 安	经理室		2				
003	王 浩	销售部			2			
004	刘思宇	销售部		1				
005	陈菲菲	采购部			7			
006	高欣悦	采购部		12				
007	赵秀丽	人事部			1			
008	黄 琪	财务部		1				
009	蔡怡帆	销售部						
010	赵天琪	采购部			1			
011	李冠华	销售部		11	1			
012	刘 鸿	采购部		1				
013	郑 义	财务部			8			
014	张 旭	销售部			1			
015	王明明	采购部		3				
016	钱 媛	人事部						
017	赵 铭	人事部			1			
018	孙雅静	财务部		1				
019	杨晓君	销售部			1			
020	李博宇	采购部		1				

资产负债表

编制单位:天宇集团　　　　　2022年12月31日　　　　　　　　　　　　　单位:万元

资　产	期末余额	年初余额	负债和所有者权益	期末余额	年初余额
流动资产:			流动负债:		
货币资金	900	800	短期借款	2 300	2 000
交易性金融资产	500	1 000	应付账款	1 200	1 000
应收账款	1 300	1 200	预收账款	400	300
预付账款	70	40	其他应付款	100	100
存货	5 200	4 000	流动负债合计	4 000	3 400
其他流动资产	80	60	非流动负债:		
流动资产合计	8 050	7 100	长期借款	2 500	2 000
非流动资产:			非流动负债合计	2 500	2 000
持有至到期投资	400	400	负债合计	6 500	5 400
固定资产	14 000	12 000	所有者权益:		
无形资产	550	500	实收资本(或股本)	12 000	12 000
非流动资产合计	14 950	12 900	盈余公积	1 600	1 600
			未分配利润	2 900	1 000
			所有者权益合计	16 500	14 600
资产合计	23 000	20 000	负债及所有者权益合计	23 000	20 000

利润表

编制单位:天宇集团　　　　　　2022年度　　　　　　　　　　　　　单位:万元

项　目	本期金额	上期金额
一、营业收入	21 200	18 800
减:营业成本	12 400	10 900
营业税金及附加	1 200	1 080
销售费用	1 900	1 620
管理费用	1 000	800
财务费用	300	200
加:投资收益	300	300
二、营业利润	4 700	4 500
加:营业外收入	150	100
减:营业外支出	650	600
三、利润总额	4 200	4 000
减:所得税费用	1 050	1 000
五、净利润	3 150	3 000

参考文献

[1] ExcelHome. Excel 在财务管理中的应用[M]. 北京：人民邮电出版社,2018.

[2] 梁润平,宁小博. Excel 在财务管理中的应用[M]. 上海：立信会计出版社,2011.

[3] 李爱红,宫胜利,刘智. 新编 Excel 在财务中的应用[M]. 3 版.北京：电子工业出版社,2019.

[4] 田翠,吴贺. 财务报表分析[M]. 上海：上海交通大学出版社,2016.

[5] 周若谷,柳志. EXCEL 在财务中的应用[M]. 北京：中国财政经济出版社,2021.

[6] 李莉. 财务报表分析[M]. 2 版. 北京：人民邮电出版社,2017.

[7] 荆新,王化成,刘俊彦. 财务管理学[M]. 7 版. 北京：中国人民大学出版社,2015.

[8] 孙一玲,李煦,刘鹏,等. Excel 在财务中的应用[M]. 上海：立信会计出版社,2020.

[9] 曾丽萍. 财务管理[M]. 北京：人民邮电出版社,2022.

[10] 张新民,钱爱民. 财务报表分析[M]. 6 版. 北京：中国人民大学出版社,2023.